Couverture inférieure manquante

Début d'une série de documents en couleur

CARTULAIRE

DU

PRIEURÉ DE LONGUEAU

Traduit et annoté

PAR

PAUL PELLOT

Membre de plusieurs Sociétés savantes

Avec la Collaboration de

Dom ALBERT NOËL

Moine bénédictin, de la Congrégation de France

ARCIS-SUR-AUBE

IMPRIMERIE LÉON FREMONT, ÉDITEUR

1895

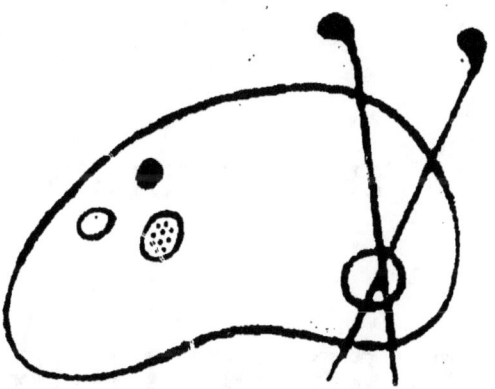

Fin d'une série de documents
en couleur

LE CARTULAIRE

DU

PRIEURÉ DE LONGUEAU

Extrait de la « Revue de Champagne et de Brie »

CARTULAIRE

DU

PRIEURÉ DE LONGUEAU

Traduit et annoté

PAR

PAUL PELLOT

Membre de plusieurs Sociétés savantes

Avec la Collaboration de

Dom ALBERT NOËL

Moine bénédictin, de la Congrégation de France

ARCIS-SUR-AUBE

IMPRIMERIE LÉON FRÉMONT, ÉDITEUR

—

1895

Le Cartulaire du Prieuré de Longueau

Les nombreux titres formant le fonds de Longueau[1], autrefois partagés entre Reims et Châlons-sur-Marne, appartiennent aujourd'hui exclusivement aux archives départementales de la Marne.

L'histoire de ce prieuré n'a jamais été publiée. Les matériaux, certes, ne manquent pas, et m'adressant aux érudits à la portée des sources, je m'étonne que l'abondance des documents n'ait pas suscité une œuvre qui eût été pleine d'intérêt.

Mes rares loisirs ne me permettant pas d'aborder un travail aussi considérable, je me propose uniquement d'étudier le cartulaire de Longueau, qui est encore inédit. Il en existe trois textes (série H, boîte 1, liasse 1), qui paraissent copiés l'un sur l'autre.

L'une de ces copies forme un cahier de 42 feuillets, écriture du xviiie siècle ; elle comprend 110 chartes, de l'an 1140 à l'année 1248 inclusivement. La plupart de ces instruments ont été analysés, et les autres, en raison de leur importance, seront reproduits *in extenso*.

J'ai en outre restitué l'ordre chronologique qui fait défaut dans le manuscrit.

---

1. Sources à consulter :
Bibl. nat., Coll. de Champ.
Arch. de la Marne, fonds de Longueau.
Varin. *Arch. adm. et législatives.*
Dom Marlot. *Hist. de Reims.*
Tarbé. *Essai sur Reims.*
Duchesne. *Hist. de la maison de Châtillon.*
Dom Noël. *Les cantons de Châtillon et de Dormans.*
Dr Remy. *Hist. de Châtillon-sur-Marne.*
Givelet, Jadart et Demaison. *Répert. arch. de l'arr. de Reims.*
Abbé Chevallier. *Notice sur les églises du canton de Châtillon.*
Matton. *Dict. top. de l'Aisne.*
Longnon. *Dict. top. de la Marne.*
   Id.   *Le livre des vassaux du comté de Champagne.*
Poinsignon. *Hist. de la Champagne.*

Le prieuré de Longueau, de l'ordre de Fontevrault, situé à environ 1,500 mètres au sud-ouest de Baslieux-sous-Châtillon, sur la rive droite du rû de Belval, fut fondé par Gaucher II de Châtillon, au commencement du XIIe siècle. C'est du moins l'opinion du savant dom A. Noël, à la délicate obligeance duquel je suis redevable de précieux renseignements qui ont largement aidé la rédaction de mon travail. Grâce aux généreuses aumônes des seigneurs de Châtillon, ses puissants voisins, cette maison aurait pu prétendre à une longue prospérité exempte de toute inquiétude, si les malheureuses guerres dont la Champagne fut le théâtre au XVIe et au XVIIe siècle n'eussent porté de graves atteintes à son régulier accroissement. Aussi voyons-nous, en 1622, les timides religieuses abandonner leur couvent, tour à tour pillé et incendié, et se retirer à Reims, dans la rue du Jard, où elles possédaient une maison de refuge.

A partir de cette date, l'histoire de l'antique monastère se confond avec celle de la nouvelle communauté établie à Reims où il faut désormais suivre sa destinée.

Les constructions de l'ancien Longueau existaient encore en 1864 ; le sanctuaire et les deux premières travées de la chapelle ont survécu jusqu'en 1892. Le marteau démolisseur vient d'en faire disparaître les derniers vestiges[1]. Lors de la Révolution et à la suite d'une adjudication publique faite au district d'Épernay, le 15 octobre 1791, le baron Guyot de Chenizot[2] se rendit acquéreur de partie des biens de Longueau, et le surplus du domaine, consistant en bâtiments d'habitation et d'exploitation, partie de la chapelle, cours, enclos fermés de murs, terres labourables, prés, chenevières, pâtures, vignes et autres dépendances, fut adjugé à Me Anne-Etienne-Louis Gaussart, avocat au bailliage de Châtillon.

Après le décès de ce dernier, M. Louis-Marie Gaussart, son fils, alors colonel au 18e régiment d'infanterie légère, officier de la légion d'honneur, et depuis maréchal de camp, commandant la place de Bayonne, se rendit cessionnaire des parts et portions de Marie-Jeanne-Françoise Guérin, sa mère, et de ses deux frères ; puis en 1811, il vendit, moyennant la somme de 30,000 francs, le domaine de Longueau, à M. et

---

1. Le portail latéral nord de la chapelle a été transporté dans la cour intérieure du prieuré de Binson.

2. Cette famille fait l'objet d'une notice qui paraîtra ultérieurement dans la *Revue de Champagne*.

Mme Hédoin-Chopin, de Baslieux-sous-Châtillon, bisaïeuls de l'auteur de cette notice; ceux-ci le transmirent par succession à leurs enfants qui, étrangers au pays, vendirent leurs lots en détail, à divers particuliers.

Actuellement, l'emplacement de l'ancien prieuré, ainsi que la belle garenne qui l'avoisine, appartiennent à Madame veuve Bellot, propriétaire du château de Cuisles.

Nous allons faire précéder le cartulaire d'un état des revenus du prieuré, dressé le 31 janvier 1668. et dont le texte se trouve dans l'inventaire de l'archiviste Lemoine, rédigé en 1780.

Cette pièce mérite d'autant plus d'accueil qu'avec une notice succincte sur l'origine du couvent, elle nous fournit, au moment de son apogée, les détails les plus précis sur ses nombreuses possessions, ses revenus, ses charges et son personnel. En outre, elle occupe ici sa place à propos pour trouver un contrôle naturel dans le cartulaire qui lui fait suite.

Paul PELLOT.

I

Estat et déclaration du revenu temporel, charges, réparations et autres dépenses accoustumés estre faictes chacun an, ensemble le nombre des religieux que fournissent et mettent par devant vous Madame Jeanne Baptiste de Bourbon, fille légitimée de France, abbesse chef et généralle de l'ordre de Fontevrault, immédiatement subjecte au sainct siège apostolique, vos filles, prieure, et couvent de Nostre Dame de Longueau, establys dans la ville de Reims, membre despendant de vostre dit ordre, pour satisfaire à vostre ordonnance en datte du septiesme jour de décembre mil six cens soixante sept ; pour ledict estat estre fourny à Sa Majesté, par vous madicte dame abbesse, à la descharge de vostre dict prieuré et couvent, en conséquence des arrests signiffiez le vingt deuxiesme juin MVI^c soixante sept, par Richart, huissier royal audict Reims, et le susdict estat mis es mains du R. père Jean Virdoux, prestre proffes de vostre dict ordre et vostre vicaire anticque députté par vous mad. dame et commissaire comme il nous est apparu par la lecture de vostre commission par luy faicte en nostre parloir ordinaire en datte du septiesme décembre MVI^c soixante sept signée de vostre main et du scel de la ville, vostre secrétaire et scellé de vos armes.

Premier représentent vos dictes filles, que ledict couvent a esté fondé en un lieu scitué en la province de Champagne, proche Chastillons sur Marne, appellé Longueau, où elles ont tousjours demeuré jusques en l'année 1634, qu'il a pleu au feu Roy Louyes treisiesme lors régnant leurs accorder, par ses lettres patentes du mois d'octobre en laditte année, et scellée du grand sceau de cire verte en las de soie verte et rouge, la translation dudict couvent en la ville de Reims où elles sont establie, du consentement universel de tous les habitant, avec agrément tant de Monseigneur l'archevesque duc de Reims que de Monseigneur l'évesque de Soissons, au diocèse duquel ledit lieu de Longueau est scitué, ne peuvent précisément cotter le temps de laditte fondation, n'en ayant aucune cognoissance, d'autant que tous leurs anciens titres, papiers, batiments et meubles les plus precieux ont esté pillées et bruslées pendant les guerres des Huguenots, au moins la plus grande partie, toutes la preuve quelles ont desdicts vol, et incendie est par des lettres monitoires quelles ont obtenue de nostre sainct Pere Paul troisiesme, Pape, lan sept de son Pontificat ; pour avoir révélation de ceux qui avoient commis plusieurs vols audit couvent, et encor par un contract de l'an 1572 portant quelles ont pris cent livres à constitution de rente de Messieurs les Doïens chanoines et chapitres de Sainct Simphorian, pour aider à restablir les bastiments de leur couvent, qui avoit esté pillés et bruslées quelque temps auparavant par les gens de guerres, et par un compte qui a esté rendu pour les années 1569 et 1570, arresté le vingt un juin 1571 par le Reverend Pere Visiteur et de luy signé, par lequel il paroit que vos dittes filles, estant dispersées et sortie dudict couvent à cause des troubles, sy sont rassemblées esdictes années et qu'il a esté emprunté pareille somme de cent livres pour faire leur labourage et acheter des bœufs, au lieu de ceux qui leur avoient esté pris par les huguenotz, et ledict contract de rente est passé par devant Villers et Frontigny notaires royaux en datte du sixiesme novembre.

Et pour preuve de lantiquité dudict couvent, vos dictes filles representent comme cy devant quelle n'ont le tiltre de la fondation, mais elles font apparoir d'une ratiffication de lan mil cent quatre vingt treize par laquelle Gaucher de Chastillon, connestable de France, confirme, loue, et accorde tout le don et aumosne que Gaucher de Chastillon son aïeul leur a fait du lieu ou la maison conventuelle dudict Longueau est fondé, et tout ce qu'il avoit audict lieu, qu'il explique consister en bois, eaue, prés, et terre, avec le moulin de Nuisement, une charue de terre à Blaigny, et une à Anthenay ce qui justitfie suffisament que ledict couvent a esté estably avant ladicte année 1198.

Representent aussy vos dictes filles quil leur appartient une métairie scize audict Longueau, qui est de lancien domaine, et qui leur a esté donné, lors de la fondation, par ledit Gaucher de Chastillon, ainsy qu'il appert par les dictes lettres de ratiffication de lan 1198, dont il est faict mention cy dessus, ladite maiterie consistante en une maison de fort grande estendue et en cent soixante un arpens, tant terre, prés, maraiz, vigne que garenne, le tout donné à ferme y compris un pressoir sciz à Bailleux, déppendant de la seigneurie dudit Bailleux par baille du septiesme janvier 1666, passé par devant Leleu et Roland notaire royaux à Reims, duquel elles font apparoir, moiennant mil livres de pension par chacun an et sy il y a une église audict lieu de Longueau où elles font célébrer une messe par chacune semaine, pourquoy elles donnent quarante livres de retribution qui se paie par le fermier outre et par dessus la pension portée par ledict bail, estant à remarquer que tous les héritages quelles possedent audict lieu sont exemptes de dixmes partant, cy   M l.

Plus il leur appartient la terre et seigneurie de Bailleux et Melleroy les Chastillons, consistante en justice haulte moienne et basse, deux maisons tenantes ensemble, cent soixante arpens ou environs, tans terres, prez, maraiz, que vignes et pressoir banal, laquelle seigneurie, avec partie desdictes terres, prez, marais et vigne, leur a esté donné par Milo d'Anthenay, du consentement de sa femme et de ses enfans et de M. Gaucher de Nanteuil par donation de l'an 1209 quelles représentent scellées du sceau dudict sieur Gaucher de Nanteuil, pour n'avoir ledit Milo d'Anthenay point de sceau, lesquelles terres, prés, maraiz, et vignes déppendantes dudict Milo d'Antenay sont exempte de dixmes, et le restant desdictes terres, prés, maraiz, procédant d'acquisitions quelles ont faict en plusieurs temps, de divers particuliers, les contracts de parties desdictes acquisitions dattées des 14 décembre 1604, dernier febvrier 1606, 22 fébvrier 1607, et 5 novembre 1613, qu'elles représentent ne pouvant représenter les autres pour les raisons rapportées au premier article du present estat, touttes lesquelles maisons, prez, terres, vignes et maraiz non compris les droits seigneuriaux, rend de pension, par chacun an, suivant le bail representé, datté du onze mars 1662, passé par devant Roland et Le Leu, notaires royaux à Reims, la quantité de cent trente neuf septiers de grains, par moitié froment et avoyne, qui valent par année commune cent solz le septier froment, et quarente solz chacun septier avoyne, cy, froment   LXIX s. II q.
    Avoine   LXIX s. II q.

Remonstrent vos dictes filles quelles jouissent par leurs mains des droictz seigneuriaux qui leur appartiennent en ladicte seigneurie de Bailleux Melleroy et deppendances, qui valent communement trente cinq à quarante livres quelles font recevoir par une personne preposée de leur part, suivant les registres ceuilleretz quelles representent, non compris les droictz de ventes quelles recoivent, qui peuvent valoir vingt livres par ans, cy   LX l.

Plus il leur appartient deux petitz clos, contenant soixante et onze verges ou environs, sciz audict Bailleux, lieudict Melleroy, dont elles ne jouissent présentement y ayent procès indecis par devant M. le Bailly de Vermandois à Reims pour rentier en la jouissance, partant, cy   Néant.

Plus il leur appartient procedant de la dicte donation de Milo d'Anthenay une pièce de bois, audict terroir de Bailleux, appellé le bois Banisson, contenant trente six arpens quarante deux verges, à laquelle pièce elles ont joint deux arpens quatre vingt quinze verges, acquis de Jean Guerin escuier, seigneur de Brular et consors, par contract du premier octobre 1659, signé Lamblet et Feval, notaires, sy représenté, desquelz bois, aussy bien que dune autre piece, appellée anciennement en grosse œuvre, et a present La Cohette, qui leur appartient en conséquence de certain eschange quelles ont faict lan 1300, le jeudy après la Purification, avec M. Gaucher de Chastillon, connestable de Champagne, par lequel eschange appert ledict bois n'estre en la grurie et grairie du Roy, lequel eschange elles représentes avec une copie d'un extraict tiré de la Chambre des Comptes de certain denombrement donné au Roy par dame Marguerite de Chastillon en l'an 1511, elles ont jouy paisiblement et sans trouble, sinon depuis quelques années quelles ont esté inquiétées et poursuivies, à requeste M. le Procureur general du Roy, en la Chambre des Comptes, par devant M^{rs} les commissaires deputées par le Roy, pour la liquidation du domaine delaissé a Monsieur le Duc de Bouillon, pretendent que tous lesdits bois sont de l'ancien domaine de Chastillon, et pouvoient lesdits bois leur rapporter de revenu par an, lors quelles en estoient en jouissance, la somme de six vingt livres et a present, cy   Néant.

Plus leur appartient audict Bailleux, une petite cense et métairie consistante en vingt huit arpens, tant jardins, terres, que prez, quelles ont acquis de divers personnes, par plusieurs tiltres et contracts cy representées, dattées des troisiesme febvrier 1660, signez Lamblet, vingtiesme juillet et douziesme decembre audict an, signé Le Leu et Roland, vingt quatriesme janvier 1661, vingt quatre febvrier audict an, signé Feval, sixiesme avril audict an 1661, signé Petit et Bonne enfant, quatorziesme juin audict an, signé Lamblet et Bonne enfant, et vingt deuxiesme avril 1663, signé Feval et Le Febvre, et sixiesme avril 1665, aussy signé Feval et Bonnenfant, laquelle cense et metairie vauld par an vingt un septier de grains, moitié froment et avoyne, suivant le bail qui en a esté passé le vingt huitiesme avril 1662, par devant Roland et Le Leu notaires, sy représenté, qui valent par année commune cent solz le septier de froment, et quarante solz le septier avoyne, cy

Froment   X s. II q.
Avoyne .   X s. II q.

Il leur appartient aussy plusieurs pièces de terres en savart, qui estoient cy devant en bois, et faisantes parties de ladicte piece eschangée dont il est cy dessus parlé, appellé presentement la Cohette, qui sont donné a louage, par bail soulz escriture privée du dix sept febvrier 1664, à Charle Bautray de Bailleux, à charge de rendre compte par chacun an, un septier deux quartelz froment, et un septier deux quartelz avoyne, lequel bail elles représentent, cy

Froment	I s. II q.
Avoyne	I s. II q.

Plus il leur appartient six arpens six verges de terres scizes audict Bailleux, quelles ont acquis de Jean Bonnenfant et Elisabeth Gossart, sa femme, par contract du vingt deuxiesme aoust 1664, passé pardevant Roland et Le Leu, notaires royaux a Reims, à la charge d'entretenir le bail qui avoit esté faict des dictes terres, par ledict Bonnenfaut, qui est de six septiers de grains, moitié froment et moitié avoyne par an, lequel contract elles representent, cy

Froment	III s.
Avoyne	III s.

Il leur appartient une maison audict Bailleux acquise de Jean Gaussart et consors par adjudication qui leur en a esté faicte en la justice de Chastillon le neufviesme avril 1663, signé Lamblet, de laquelle elles font apparoir, partie de laquelle maison est donné à louage à Claude Clouet demeurant audict Bailleux, moiennant trente livres par an par bail du troisiesme may 1663, signé Feval et Bonnenfant, et l'autre partie qui estoit en musure a esté abandonnée pour la somme de six livres par an pour trente ans a Louis Pouelle mareschal audict Bailleux à la charge de faire bastir de neuf sur ladicte masure une maison logeable suivant qu'il est plus amplement rapporté par le bail qui en a esté passé par devant Roland et Leleu, notaires, le vingt deuziesme janvier 1664 quelles representent, cy XXXVI l.

Et sy elles ont droit de prendre et lever la dixme sur certaines terres qui estoient cy devant de l'ancien domaine dudict Bailleux, et qui ont esté vendues il y a fort longtemps dont pourtant elles nont cognoissance, duquel droict de dixme elles sont en bonne et paisible possession et l'abandonnent depuis quelques années a l'agent de leurs affaires audict Bailleux, pour luy tenir en quelque façon lieu de recompence et peut valoir ledict droict soizante solz ou environ par an, cy III l.

Comme aussy elles possedent sans aucun trouble une cense scize à Anthenay consistante en une maison et soizante huict arpens ou environ tant terres prés que maraiz, laquelle maison avec cinquante arpens ou environ tant terres prez que maraiz, faisant partie desdictes soizante huict arpens, procedant de la donation faicte par Gaucher de Chastillon rapportée au second article du present estat, et le surplus d'acquisitions et eschanges quelles ont faict ainsy quelles font apparoir de plusieurs personnes par contractz des vingt quatriesme febvrier 1659, premier septembre 1660, et sy il leur appartient audict lieu d'Antenay seulles et pour le tout les grosses dixmes d'un triege appellé la petite dixme, en lieu la haye des religieuses et tiers dans tout le reste du terroir, tant par donations quelles en ont eu que acquisitions et eschanges quelles ont faict de plusieurs particuliers suivant les contracts des donations et acquisitions par elles representées et dattées du mois de juillet 1220, de l'an 1234, 1236 et 1237 et du mois d'avril 1629, ensemble de l'amortissement desdictes dixmes faict au profit dudict couvent par Jean Conte de Roucy lan 1269, le lendemain de la feste de Nostre Dame a mars et scellé, touttes lesquelles choses sont comprise dans un mesme bail qui en a esté passé pardevant Roland et Le Leu, notaires royaux a Reims le septiesme janvier 1660 a charge d'en rendre de pension six vingtz un septier deux quartelz de grains moictié froment et avoyne par chacun an lequel bail elles représentent, cy

    Froment   LX s. III q.
    Avoyne   LX s. III q.

Plus elles ont droict suivant la transaction du vingt troisiesme anvier 1630 passé par devant Nivert et Vassier, notaires à Chastillon sur Marne cy representé de prendre sur la seigneurie d'Antenay trente six septiers deux quartelz avoyne dont elles jouissent par leurs mains qui peuvent valoir par année commune quarente solz le septier, cy

    Avoyne   XXXVI s. II q.

Il appartient aussy a vos dictes filles une cense a Romigny qui leur provient partie en consequence d'un traicté et transaction faicte le dix septiesme avril 1493 entre elles et M. Nicolas Raulin, chevalier chancelier de Bourgogne, et le surplus d'acquisition faicte de Jacques Lefranc et consors demeurant a Reims par contract du treisiesme avril 1662, lequel traicté et contract elles representent avec le bail de ladicte cense qui en a esté passé le vingtiesme juin 1663 par devant Roland et Le Leu, notaires, moiennant vingt deux septiers de grains moictié froment et moictié avoyne, cy

    Froment   XI s.
    Avoyne   XI s.

Plus il leur appartient une cense scize a Cuchery consistante en maison couverte de thuilles, terres, prez, aulnies et vignes contenant soizante dix sept arpens et demy ou environ et ce en consequence d'un contract deschange du vingt troisiesme decembre 1614 passé par devant Clouet, notaire royal demeurant a Chastillon presens tesmoins entre lesdictes religieuses et Nicolas de Vendière, escuier, seigneur de Feuillé, laquelle cense rend par chacun an la somme de de deux cent livres suivant le bail quelle representent du troisiesme janvier 1662 par devant Roland et Le Leu, notaires, cy   II^c l.

Plus une cense appellé la cense de Naple quelles ont acquis de Henry Mingot et sa femme moiennant la somme de cinq mil trois cens quarante cinq livres, par contract du vingt quatriesme may 1661 passé par devant Le Leu et Roland, notaires quelles representent, de laquelle cense elles sont en bonne et paisible possession et est affermé par chacun an trente huict septiers de grains moitié froment et avoyne par bail du vingt huictiesme janvier 1664 passé par devant lesdicts Roland et Le Leu, notaires, cy representé

Froment	XIX s.
Avoyne	XIX s.

Et sy il leur appartient un surcens de quatorze sol six deniers a prendre scavoir dix sol sur une maison scize a Chaumuzy et quatre solz six deniers sur une chenevière scize audict lieu, ladite cheneviere detenue par les heritiers Pierre Landragin et Nicolle Baillet et ladicte maison par Jacque Breton demeurant audict Chaumuzy qui se sont reconeuz debteurs dudict surcens par deux contractz passé pardevant Aubry, notaire royal demeurant a Ville en Tardenois en datte des sixiesme juin et huictiesme aoust 1666, cy représentés, cy
XIII s. VI d.

Plus il leur appartient le quart aux grosses et menues dixmes de Ste Vaulbourg, en consequence de la donation quelles representent et qui leur en a esté faicte au mois de septembre de l'an 1222 par Gerard, chevalier de Mondioel et Guise sa femme lequel quart de dixme est affermé par bail du vingt sixiesme mars 1665 passé pardevant lesdicts notaires pour six ans moiennant six vingt livres par an outre quoy il est obligé les acquiter de trois septiers froment quelles sont tenues en consequence de ladicte donnation de donner par chacun an aux Religieux d'Eslan, cy VI^{xx} l.

Plus le tier des grosses et menues dixmes et des novalles du terroir d'Olizy, Violaine, la Maquerel, et autres deppendance dudict terroir d'Olizy, ne peuvent vos dictes filles representer les tiltres en vertu desquelz elles jouissent desdictes dixmes, mais elles en sont en bonne et paisible possession y ayant esté maintenu par arrest de nos seigneurs de Parlement quelles representent datté du seiziesme febvrier 1528, lesquels dixmes sont affermés la quantité de trente six septiers par chacun an moitié froment et avoyne par bail soulz escriture privée du dix huictiesme juillet 1667 quelles representent, cy

Froment	XVIII s.
Avoyne	XVIII s.

Item il leur appartient le tier des dixmes du terroir de Vendiere en consequence de la donation qui leur en a esté faicte au mois de mars 1213 par Gaucher de Chastillon, conte de Saint Paul, quelles representent avec le traicté du onziesme febvrier 1634 passé par devant Moreau, notaire demeurant a Chastillon, present tesmoins, entre lesdictes religieuses de Longueau d'une part, et Mre Remy Mignon, prestre curé dudict Vendiere d'autre, ledict traicté approuvé par vous Madame le treiziesme febvrier 1635, et sy il leur appartient cy devant six quartiers de vignes audict Vendiere qui ont esté des un long temps reduictes en terres labourables dont elles ne peuvent representer les tiltres, mais elles en sont en plaine et paisible jouissance estantes comprises au bail quelles ont faict desdictes dixmes le vingt quatriesme febvrier 1663 par devant Roland et Le Leu, notaires, moiennant soixante septiers de grains moitié froment et avoine, duquel bail elles font apparoir, par lequel bail le fermier est obligé les acquiter de dix huict livres par an dont elles sont redevables vers le sieur curé dudict Vendiere suivant le traicté dudict jour onziesme febvrier 1634 cy dessus cotté, cy

    Froment   XXXVII s.
    Avoyne   XXXVII s.

Plus le tier de touttes les dixmes d'Aguisy et Bertenay qui leur appartient en conséquence des tiltres quelles representent qui consiste en une donation faicte par Thomas de Forzy, escuier au mois de mars 1215, de tout ce qui luy appartenoit es dictes dixmes, ladicte donation estant en parchemin scellé du sceau dudit Forzy et en une acquisition faicte de la part desdictes dixmes que le nommé Odo, escuier y avoit, le contract de ladicte acquisition datté du mois d'octobre 1221 scellé du sceau dudict Odo, et sy il leur appartient audict lieu d'Aguisy une pièce de pré contenant trois quartiers qui est compris dans le bail de la cense d'Anthenay dont est parlé cy dessus, la propriété de laquelle pièce de pré elles justifient par une sentence rendu par le juge de Chastillon le douziesme septembre 1601, signé Petit, et au resgars desdictes dixmes elles sont donné a louage par bail du seiziesme avril 1665 moiennant quarente quatre septiers de grains moitié froment et avoyne quelles representent, passé et signé desdicts Roland Leleu, notaires, cy

    Froment   XXII s.
    Avoyne   XXII s.

Comme aussy il leur appartient la moitié de touttes les grosses et menues dixmes du terroir d'Ogny qui rendent par chacun an la somme de deux cens trente livres comme il appert par le bail quelles en representent passé par lesdits Roland et Le Leu notaires le douziesme janvier 1662, ne pouvant vos dictes filles pour les raisons rapportées au premier article du présent estat faire voir les tiltres en vertu desquelz elles jouissent desdictes dixmes, mais elles justifient quelles en sont en possession de temps immémorial par plusieurs baux anciens datté l'un du dix septiesme septembre 1614, signé Taret et Flavignon, un acte du 28 aoust 1532, signé Le Dieu et Frontigny, un autre du vingt sept janvier 1550, signé Le Jeune, et un autre du sixiesme juillet 1658, en la jouissance desquelles dixmes elles ont esté nouvellement maintenu par arrest de nos seigneurs du grand conseil contradictoirement rendu contre le sieur Dogny et les habitants dudict lieu les vingt deuxiesme avril mil six cent soixante quatre et vingt quatriesme aoust 1666, duquel elles font apparoir, cy   II^c XXX l.

Plus il leur appartient le tier aux grosses dixmes de Chambrecy qui leur a esté donné par Julio lors doïen de l'église de Reims a charge d'en jouir par son neveu sa vie durant, ainsy qu'il appert par un vidimus de Monseigneur l'archevesque Duc de Reims estant en parchemin signé du sceau dudict seigneur archevesque datté du Dimanche fait l'an de l'Incarnation 1178 et par un autre acte du mois de septembre 1201 aussy estant en parchemin portant l'abandon fait au profit dudict couvent de Longueau par Robert, neveu dudict Julio du droict qu'il avoit audictes dixmes sa vie durant et de sa femme moiennant trois septiers froment par an que ledict couvent se seroit obligé de leur donner, depuis lequel temps elles ont paisiblement et sans trouble jouy dudict tiers de dixmes qui est a terme trente septiers de grains moitié froment et avoyne comme appert par le bail du quatriesme may 1666 passé par lesdicts Roland et Le Leu notaires, quelles representent, cy

Froment   XV s.
Avoyne   XV s.

Il appartient aussy a vos dictes filles les deux tiers des dixmes du terroir de Chastillon et bas Mallemont et un tiers au hault Mallemont sans quelles puissent declarer dou leur procede ledict droict de dixme n'en aians trouvé aucun tiltres, papiers, ny recognoissance, sinon une sentence du quatriesme aoust 1546 estant en parchemin signé Legrand rendu par le lieutenant en la justice de Chastillon sur Marne entre vos dictes filles de Longueau demandresses et damoiselle Anthoinette Germaine femme de Gilles de Nizart escuier sieur de Cuil et consors, deffendeurs, par laquelle elles ont esté maintenue en leur possession et les deffendeurs condamnées les laisser jouir des deux tiers desdictes dixmes, et sy elles ont recouvert plusieurs baux quelles representent dattés du vingt un juillet 1526, sixiesme may 1534, neufviesme may 1549, vingt cinquiesme febvrier 1551, huictiesme juillet 1564, vingt deuxiesme juin 1568, quinziesme novembre 1600, et neufviesme juin 1639, qui justifient suffizament la possession desdictes dixmes qui rendent de pension par chacun an la somme de quatre vingt seize livres, ainsy qu'il appert par le bail qui en a esté passé par devant lesdicts Roland et Le Leu notaires, le quatriesme febvrier 1663, et outre ce est obligé de les acquicter de trois cacques de vin quelles doivent par chacun an au curé de Chastillon, cy   IIII^{xx} XVI l.

Plus elles ont droict de prendre et recevoir par chacun an sur le hallage de Chastillon la quantité de sept septier de grains par tiers froment, tier seigle et tier avoyne duquel droict elles ont tousjours paisiblement jouy sinon depuis quelque années que Monsieur le procureur genéral en la Chambre des Comptes pretendant que ledict droict estoit de l'ancien domaine de Chasteau Thiery, elles ont esté assignées de l'autorité de Messieurs les commissaires deputé par le roy pour la liquidation du domaine delaissé en eschange à Monsieur le Duc de Bouillon, par devant lesquelz commissaires il y a procès indecis ou vos dictes filles ont produict toutes les pièces justificatives de leur droict quelles n'ont peu retirer jusques a present, portant cy   Néant.

Plus il leur appartient le douziesme de touttes les dixmes de Lagery par donation qui leur en a esté faicte au mois de septembre 1204 par Gaucher escuier de Lagery, de laquelle donation estant en parchemin et scellé elles font apparoir, aussy bien que du bail qui a esté passé le deuxiesme juin 1663 par devant lesdicts Le Leu et Roland notaires dudict douziesme des dixmes moiennant cinquante livres par an, cy L l.

Il leur appartient aussy au mesme lieu une piece de terre contenant un arpent ou environ dont elles sont en paisible jouissance nen ayant aucun tiitre par éscrit quoy que ce soit elles nen ont pu recouvrer, laquelle piece de terre est loué trente sol par an suivant le bail du douziesme janvier 1662 passé par devant les mesme notaire, cy XXX s.

Et sy il leur appartient le demy tier de touttes les dixmes du hault et bas Verneuil, tant par deux donations qui leurs ont esté faictes en lannée 1207, par Jean escuier seigneur de Mareuil et par la Contesse de Bourgone, quelle vous representent estantes en parchemin scellé des sceaux desdictz seigneurs et dame, que par l'acquisition quelles en ont faicte de Gerard de Haorgue en l'année 1211, ratifié en l'année 1212 par Madame qui estoit pour lors abbesse de Fontevraux, desquelles acquisition et ratification estant en parchemin elles font pareillement apparoir, ensemble le bail dudict demy tier de dixme en datte du quatorziesme may 1664 passé par devant les susdicts notaires, a la charge d'en paier cent cinquante quatre livres par an et de les acquiter envers le curé de Verneuil de vingt quatre livres trois solz par an pour partie de la portion congrue, cy CLIIII l.

Plus il leur appartient le tier de touttes les dixmes tant grosses que menues du terroir d'Aubilly dont elles sont en bonne et paisible possession, le plus ancien tiltre quelle en representent est une transaction de l'année 1295 estant en parchemin et scellé ladicte transaction passé entre Monsieur l'archevesque Duc de Reims, les Religieux d'Auvillers et vos dictes filles du couvent de Longueau, d'une part, et le sieur curé de Mery qui est curé d'Aubilly d'autre, par laquelle se recognoit quelles ont part auxdictes dixmes, avec laquelle transaction est attaché un bail en parchemin du vingt uniesme juillet 1540 qui a esté faict dudict tier de dixme a Marc Le Bel meusnier demeurant à Aubilly, ensemble un arrest du grand conseil du vingt sixiesme juin 1663 signé sur le reply Herbin rendu allencontre de M. Christophe de Conflans conte de Vezilly, par lequel ledict sieur de Conflans a esté condamné se desister au profit des demandresses des susdictes dixmes qui sont affermée soixante livres par an, suivant le bail passé par lesdicts Roland et Le Leu notaires le vingt huictiesme avril 1665 quelles representent, par lequel le fermier est obligé de les acquiter de dix septier de grains par moitié froment et avoyne pour le tier du preciput du sieur curé dudict lieu, cy LX l.

Une pièce de pré scize a Saincte Eufraize contenant dix quartelz, communément appellé le pré l'Abbé, de laquelle elles sont en possession en consequence d'une sentence rendu par le Lieutenant à Chastillon sur Marne le dixiesme juillet 1560 signé Petit, de laquelle elles font apparoir, comme aussy de plusieurs baux datté des dix neufviesme janvier 1561, quinziesme decembre 1601, dixiesme novembre 1608, septiesme avril 1616, treiziesme decembre 1632 et treiziesme may 1639, laquelle pièce de pré est presentement affermé par bail du huictiesme juin 1663 passé pardevant lesdicts notaires la somme de trente livres, cy XXX l.

Plus vos dictes filles vous remonstrent qu'il leur appartient le quart de touttes les dixmes tant grosses que menues et novalles du terroir de Pourcy qui rendent par an la somme de soixante quinze livres comme il appert par bail du vingt troisiesme may 1665 passé par lesdicts Roland et Le Leu notaires, et ce en consequence de la donation qui leur en a esté faicte par le sieur Guillaume de Germaine, de laquelle donation elles ne peuvent faire apparoir pour les raisons rapportées au premier article du present estat, mais elles justifient de la ratification en parchemin qui a esté faicte de laditte donation par Madame qui estoit pour lors abbesse à Fontevrauld, ensemble d'une sentence arbitralle du treiziesme febvrier 1541, homologués par Mons.r le prevot de Paris ou son Lieutenant le dix huictiesme janvier 1542 quelles vous representent, cy LXXV l.

Il leur appartient aussy une pièce tant terre que pré scize au terroir de Bouilly qui avoit esté donné cy devant a surcens a Arnoult Charpentier dudict Bouilly moiennant sept solz par an par contract de l'année 1279 duquel elles font apparoir, en laquelle elles sont rentrées depuis ledict surcens expiré, laquelle piece tant terre que pré est donné a ferme moiennant cent solz par par an bail du troisiesme may 1665 passé par devant lesdicts notaires, quelles representent, cy C s.

Plus il leur appartient vingt neuf hommées et demy tant vignes que terre, ensemble deux hommées de terre y compris un petit bout de bois contenant deux verges cinq pieds, eschangé avec un petit jardin qui appartenoit audict couvent, desquelles terres vignes et jardin elles jouissent paisiblement et sans trouble quoy quelles nen puissent representer aucun tiltre que les baux anciens datté du vingt septiesme decembre 1532, vingt septiesme decembre 1558, vingt septiesme decembre 1541, vingt huictiesme avril 1633, et troisiesme novembre 1621, dont elles font apparoir, ensemble de l'eschange dudict jardin avec lesdictes deux hommées de terre datté du dix septiesme juillet 1663, touttes lesquelles choses sont donné à terme par bail du quinziesme decembre 1661 passé par devant lesdicts notaires, à la charge d'en rendre huict livres par an, lequel bail elles vous representent cy VIII l.

Comme aussy il leur appartient quatre arpent de pré et deux arpent de terre qui estoient cy devant en vignes scizes au terroir d'Esparnay ou de Mardeuil proche ledict Esparnay, la proprieté desquelles terres et prez elles justifient par les acquisitions que Berterand de Verzelay a fait de certaines vignes a Mardueil et la donation que ledict Verzelay en a faict au Prieuré de Longueau par contract et vidimus des années 1239 et 1241, et encor par baux des vingt neufviesme mars 1596, dixiesme avril 1630, et quinziesme avril 1656, quelles representent avec le bail a louage desdictes terres et prez passé par devant notaires le vingt cinquiesme febvrier 1667 moiennant vingt huict livres par an, cy XXVIII l.

Plus trois pièces de prez scize au terroir de Faverolles contenant ensemble quatre a cinq arpens suivans larpentage du sixiesme novembre 1649, quelles representent avec des anciens baux dattées du vingt sixiesme novembre 1527, dernier décembre 1555, vingt neufviesme decembre 1564, et troisiesme avril 1618 nayant trouvé autres tiltres dans leur cartulaire nonobstant touttes les recherches quelles en ont faict et sont lesdictz prez presentement affermé la somme de cent livres par an suivant le bail quelles representent du huictiesme mars 1665 passé par devant lesdictz Roland et Le Leu notaires à Reims, cy C l.

Plus il leur appartient par concession et donation du mois d'avril 1301, a elles faictes par Hugo conte de Rethel, quelles representent en parchemin scellé du sceau dudict seigneur conte de Rethel, la somme de douze livres dix solz, à prendre sur le hallage dudict Rethel, cy XII l. X s.

La somme de quatre livres de surcens perpetuel, à prendre sur une vigne scize au terroir de Cuil, contenant un demy arpent lieu dict la Galopane, detenu par Gilles de la Moste, vigneron demeurant audict Cuil, par bail du vingtiesme septembre 1661 passé par devant Bonnenfant notaire royal demeurant a Chastillon, present tesmoins dont elles font apparoir, cy IIII l.

La somme de sept livres qui leur est dû par chacun an par Messieurs du Chapitre de l'Eglise Nostre Dame de Reims, a prendre sur une quantité de bois ainsy qu'il appert par une sentence de Messieurs des Requestes du palais du dixiesme may 1550 quelles representent, cy VII l.

La somme de douze livres dix solz de rente, moiennant deux cent livres en principal qui leur sont deus par la succession de feu Mr Luc Petit, vivant President en l'Election de Reims, suivant certaine sentence arbitralle du troisiesme mars 1643 quelles representent signé Dailler, cy XII l. X s.

Plus la somme de six livres cinq solz de rente, à prendre par chacun an sur la seigneurie d'Aguisy, suivant le contract du vingt sixiesme aoust 1621, faict à leur profict par Monsieur Francois Picot, baron de Couvay, par devant Nivart notaire royal, present tesmoins, duquel contract elles font apparoir, cy VI l. V s.

La somme de trois livres deux solz six deniers de rentes, à elles deue par contract de constitution de rente, du vingt huictiesme avril 1616, faict à leur profit, par Charle Moreau et Louyse Le Gras, sa femme, demeurant a Vendière, pardevant Clouet et Frontigny, notaires, laquelle rente Mr Charle Moreau prestre, demeurant a Vendière c'est recognu debteur pour les causes rapportées en l'acte de recognoissance qui en a esté passé le treiziesme novembre 1658, pardevant Feval et Lamblet, notaires a Chastillon, représentent, cy III l. II s. VI d.

Plus la somme de cent cinquante livres de rente, deue par Mr Lespaignol, moiennant trois mil livres en principal, par contract du vingt huictiesme decembre 1662, passé pardevant Roland et Le Leu, notaires, quelles representent, cy CL l.

Pareille somme de cent cinquante livres de rente, deue par Mr Coquebert, moiennant trois mil livres en principal, par contract quelles representent, passé pardevant lesdicts notaires, le dix huictiesme aoust 1664, cy CL l.

Deux surcens de vingt cinq solz chacun, à prendre l'un sur une maison scize a Reims, rue du Terra, appartenant a l'abbaye Saint Estienne dudict Reims, et l'autre à prendre sur une autre maison scize audict Reims, rue de l'Epicerie, appartenant a lhautel Dieu, desquelz surcens elles sont en possession suivant plusieur anciens comptes par elles représentées, cy L s.

Plus deux rentes montantes ensemble a la somme de trois livres deux solz six deniers par an, constitué à leur profit par Messieurs les Lieutenant et gens du Conseil de la ville de Reims, par deux contracts separés passé pardevant Vaurouart et Rogier notaires royaux audict Reims, le sixiesme avril 1554 quelles representent, cy III l. II s. VI d.

Plus il leur appartient une maison scize audict Reims rue de la Grande Boucherie, quelles ont acquis de Marie Motha veufve de Rigobert Soyer, moiennant la somme de quatre mil quatre cens livres, par contract du vingt neufviesme octobre 1664, passé pardevant Roland et Leleu notaires, quelles representent avec le bail a louage de ladite maison faict ledict jour pardevant les mesmes notaires, moiennant cent soixante quinze livres par an, cy CLXXV l.

Remonstrent vos dictes filles que peu de temps après leur translation et establissement en cette ville, elles acheterent quantité de petites maisons et mazures joignantes leur maison, partie desquelles maisons et mazures elles ont joinctes et enfermés dans leur dicte maison, et le surplus montant a cinq fort petites maisons sont occupés par pauvres personnes de qui elles retirent presentement de louage la somme de cent quatre livres par an, duquel louage il ny en a aucun bail par escrit dautant que lesdictes maisons sont fort caduques et ruineuses, et quelles sont en volonté de les faire démolir, cy CIIII l.

Somme totalle de tout le revenu cy dessus monte en argent a la somme de deux mil huict cent quatre vingt sept livres quatre solz six deniers tz.

Et en grains en la quantité de deux cens soixante sept septiers un quartel froment qui peuvent valoir par année commune, a raison de cent solz le septier, la somme de treize cent trente six livres cinq solz tz.

Et en avoyne la quantité de trois cent trois septiers trois quartelz qui peuvent valoir, a raison de quarente solz le septier, la somme de six cens sept livres dix solz tz.

Outre ce que dessus vos dictes filles jouissent presentement de plusieurs pensions viagères, sçavoir :

De la somme de cent cinquante livres, pour la pension de sœur Simonne Cocquebert, a present prieure, ne peuvent vos dictes filles representer le contract ne se treuvent, mais justifient quelles en jouissent par plusieurs comptes, cy   CL l.

De la somme de quatre vingtz livres, pour la pension de sœur Catherine Michon, religieuse, par contract du seiziesme juillet 1618, signé Clouet notaires, présent tesmoins, cy   IIII^{xx} l.

De la somme de cent cinquante livres, pour la pension de sœur Appoline Frizon, religieuse, par contract du vingt septiesme octobre 1618, passé par devant Clouet notaires en la prevosté de Chastillon, présent tesmoins, duquel elles font apparoir, cy   CL l.

De la somme de cent livres pour la pension de sœur Remiette Cocquebert religieuse, comme elles justifient par contract signé Moreau, notaire demeurant à Chastillon, present tesmoins, quelles representent, cy   C l.

De la pension de six vingt livres, pour la pension de sœur Jeanne Gilbault, religieuse, comme appert par contract du cinquiesme novembre 1639, passé pardevant Taillet et Roland, notaires royaux à Reims, dont elles font apparoir, cy   CXX l.

De la somme de deux cent livres, pour la pension de sœur Anne Parent, religieuse, par contract passé par devant Taillet et Roland, notaires royaux à Reims, datté du septiesme janvier 1641, quelles representent, cy   I? l.

De la somme de cent cinquante livres, pour la pension de sœur Magdelaine Amé, religieuse, par contract du septiesme janvier 1651, passé pardevant Roland et Le Leu, notaires, dont elles font apparoir, cy   CL l.

De la somme de cent cinquante livres, pour la pension de sœur Margueritte Oudinet, religieuse, ainsy quelles justifient par contract du neufviesme juin 1659, passé pardevant Roland et Le Leu, notaires, dont elles font apparoir, cy   CL l.

De la somme de cent cinquante livres, pour la pension de sœur Anne Coquebert, religieuse, comme appert par contract du douziesme septembre 1664, passé par devant Roland et Le Leu, notaires, qu'elles représentent, cy   CL l.

De la somme de deux cens livres, pour la pension de sœur Marie de Bar, religieuse, par contract du premier octobre 1664 passé par

devant Roland et Le Leu, notaires à Reims, quelles representent, cy
IIc l.

De la somme de cent cinquante livres, pour la pension de sœur Jeanne Hachette, novice, comme appert par contract passé par devant Le Leu et Augier, notaires à Reims, le vingt neufviesme janvier 1667, cy CL l.

Total de touttes les dictes pensions seize cent livres 1600 l.

Qui font avec les sommes cy dessus en argent et avoyne, non compris le froment qui se convertit en pain pour la nouriture dudict couvent, la somme de cinq mil quatre vingt quatorze livres quatorze solz six deniers 5094 l. 14 s. 6 d.

Sur quoy vient a deduire les charges qui ensuivent.

Premier ne faut faire estats des deux cent soixante sept septiers un quartel froment, dont a esté faict recepte cy dessus, d'autant quil s'emploie à la nourriture de la maison et qu'il ne s'en faict aucun proffict.

Vos dictes filles vous representent avec tout respect quelles sont au nombre de trente sept professes du cœur, une novice et huict sœurs converses, et que pour leur nouriture et entretient de tout vestements et linges, ensemble pour les nourriture de vos vicaires lors quil viennent en visites, de deux touriers, un jardinier quelles ont dordinaires et des fermiers et laboureur qui charient leurs grains vins et bois, lors quil font lesdicts charrois, elles depensent par année commune suivant quil appert par les deux derniers comptes representées et examinées par les commissaires quil a pleu a vostre Altesse de deputer, la somme de six mil sept cens livres, cy VIᵐ VIIᶜ l.

Plus elles ont un confesseur ordinaire, qui celebre tout les jours la messe en leur chapelle auquel elles ne fournissent aucune nourriture et luy donnent pour toutes retribution par chacun an la somme de deux cent trente livres, cy IIᶜ XXX l.

Plus elles ont un chappelain qui, outre la messe dudict confesseur, celebre touttes les festes et dimanches une messe basse, et sert de diacre lors quil en est besoing, pourquoy elles luy paient la somme de soixante livres par an, cy LX l.

Pour les gages d'un enfant qui sert de clerc, la somme de dix livres, cy X l.

Pour l'entretient des ornements de leur chapelle en cette ville que de l'eglise et chapelle de Longueau leur maison, du linge, meubles et argenterie de l'eglise et sacristie, ensemble du luminaire, par année commune, la somme de cinq cens livres, cy Vᶜ l.

Elles hont aucuns officiers, procureurs, receveurs, ny sergens auquel elles donnent gages, mais seulement un agent a Longueau qui a esgard à leurs bois et agist en leurs affaires, auquelles elles donnent par an trente livres de gages et quatre septiers de froment qui sont compris dans l'estat du froment partant, cy XXX l.

Pour les gages ordinaires des deux tourrieres, soizante huict livres outre leur nourriture, cy LXVIII l.

Pour les gages du jardinier, aussy outre ses nourritures, cinquante six livres, cy LVI l.

Pour les gages du medecin tant ordinaires que extraordinaires, cinquante livres L l.

Le chirurgien, par anné commune, nayant aucun gages ordinaire, la somme de quarente livres, cy XL l.

Pour les drogues de l'appoticaire par anné commune, la somme de cent livres C l.

Pour les reparations des bastimens tant de leur maison conventuelle que de quatorze maisons en cette ville et en campagne, qui leur appartienent, d'un pressoir, et des cœurs et cancelles de douze églises, pour les partz dont elles sont tenues a proportion de ce quelles percoivent de dixmes dans les paroisses desdictes églises, par estimation et année commune, la somme de douze cens livres, cy XII^c l.

Pour plusieurs frais qu'il convient faire a la poursuite des procès tant en demandant que deffendant, pour la conservation de leur biens et avoir payement de leurs debtes, tant aux advocatz procureur, sergens, et autres officiers en justice, par année commune, la somme de trois cent livres III^c l.

Pour les frais des voiages de Monsieur le vicaire qui faict la visite, il se donne dordinaire la somme de vingt livres non compris les frais de nouritures qui sont emploiée dans la depense commune, cy XX l.

Plus pour les subcides quelles doivent par chacun an, a vous Madame, la somme de six livres, cy VI l.

Pour le voiage d'un homme qui s'envoye exprès a Fontevraux, pour avoir vostre confirmation, après lelection qui se faict tous les trois ans de la prieure, la somme de quarante cinq livres, qui est par an la somme de quinze livres, cy XV l.

Pour les decimes tant ordinaires que extraordinaires, frais des assemblés par année commune la somme de soizante livres, cy LX l.

Plus elles vous remonstrent que quelque temps après leur establissement en cette ville, ayent besoin d'un plus grand logement estendue de place pour y bastir, elles eschangerent une maison a elles appartenante, appellé communement la maison de Longueau a quatre maisons scize audict Reims, deux d'icelle rue du Jard, et les deux autres rue de Venise, par contract deschange faict entre elles et Messieurs du Chapitre de l'eglise Nostre Dame de Reims le vingt huictiesme septembre 1638, passé par devant Taillet et Le Leu notaires a Reims, ausquelz sieurs de Chapitre pour soul dudict eschange, elles se sont obligées de paier la somme de deux cens livres de rente foncière et surcens perpétuel non rachetable porté par ledict contract representé, cy II^c l.

Plus elles ont aussy faict eschange par contract du dix huictiesme avril 1639, passé pardevant Taillet et Copillon, notaires, avec Messieurs les chappelains de l'ancienne Congregation, qui leur ont abandonné une maison et jardin a eux appartenante, joinct à la maison conventuelles de vos dictes filles, lesquelles en contre eschange se sont obligé par ledict contract de paier audicts Chappelains la somme de vingt sept livres de surcens perpetuel non rachetable, comme il est porté par ledict contract, cy   XXVII l.

Plus a Monseigneur l'archevesque Duc de Reims, la somme de cinquante huict solz, deux deniers, pour les cens et surcens, qui luy sont deue sur leur maison conventuelle, et les autres maisons quelles ont acquises, pour enfermer dans leur dicte maison, lorsquelles ont faict bastir, le tout suivant quelles en estoient chargés par les contracts d'acquisitions, cy   LVIII s. II d.

A mondict seigneur l'archevesque, la somme de dix livres de rente, par chacun an, a laquelle il a esté traicté, pour demeurer quitte de l'indamnité qui luy estoit deue, à cause des maisons par elles acquises, dans le détroict de la seigneurie de mondict seigneur l'archevesque, duquel contract elles font apparoir cy   X l.

La somme de vingt sol, pour un surcens deue au sieur Hierome Moet, a cause des dictes acquisitions, cy   XX s.

Et a Messieurs les Religieux de Sainct Denyes, la somme de dix solz de surcens, aussy a cause desdictes acquisitions, cy   X s.

Finalement vos dictes filles remonstrent, avec touttes l'humilité et respect quelles doivent a vostre Altesse, que depuis leur establissement en cette ville, elles ont travaillé et usé toutte l'economie possible pour bastir leur maison qui ne l'est encore entièrement et n'ont que une chapelle et un cœur de fort petite estendue nestant en pouvoir quand a present de les agrandir, ainsy que vous Madame poura recognoistre par le present estat qui contient verités en tous ses poincts.

Et pour bastir une eglise et achever les bastimens reguliers qui manquent a leur maison il conviendroit desbourcer jusques a cent cinquante mil livres au moing.

Somme de la depense ordinaire et extraordinaire est neuf mil six cens quatre vingtz six livres huict solz deux deniers tz non compris le froment emploiez comme dict est cy dessus   9686 l. 8. 2

Les dictes Religieuses ont droict d'usage en la forest de Vassy dy prendre du bois mort pour le chauffage dudict prieuré et du bois vif pour les reparations et bastiment necessaires d'icelluy, par la donation qui leur en a esté faicte par le conte Palatin l'an 1198, scellé quelles representent, et dautant quelles nont jouy dudict droict depuis un long temps, cy   Néant.

Disent au surplus vos dictes filles que vostre maison et prieuré est composée de trente sept Religieuses du cœur, d'une novice, et de huict sœurs converses dont les noms ensuivent :

Premier Sœur Simonne Cocquebert prieure,
Sœur Jeanne de Boant,
Sœur Catherine Michon,

Sœur Appoline Frizon,
Sœur Rémiette Cocquebert,
Sœur Elizabeth Levesque,
Sœur Jeanne Gilbault,
Sœur Appoline Chantreau,
Sœur Remiette Viscot,
Sœur Anne Parent,
Sœur Margueritte Coquebert,
Sœur Elizabeth de Paris,
Sœur Charlotte de Sugny,
Sœur René Lespaignol,
Sœur Jeanne Coquebert,
Sœur Marie de Paris,
Sœur Anthoinette Lespaignol,
Sœur Jaqueline Coquebert,
Sœur Marie Boucher,
Sœur Jeanne de Gomont,
Sœur Jeanne Rogier,
Sœur Elizabeth Chalon,
Sœur Charlotte de la Rivière,
Sœur Magdelaine Amé,
Sœur Françoise de Malval,
Sœur Jeanne Evangeliste Coquebert,
Sœur Jeanne Hachette,
Sœur Jeanne Baptiste Rogier,
Sœur Simonne Angelique Coquebert,
Sœur Simonne Séraphique Coquebert,
Sœur Jeanne de Malval,
Sœur Margueritte Oudinet,
Sœur Marie Le Gris,
Sœur Izabelle Lespaignol,
Sœur Anthoinette Coquebert,
Sœur Anne Coquebert,
Sœur Marie de Bar,
Et Sœur Jeanne Hachette, novice.
Les Sœurs converses :
Sœur Marie Gatinet,
Sœur Claire Ligner,
Sœur Nicolle Brice,
Sœur Elizabeth Beauperc,
Sœur Simonne Champenois,
Sœur Elizabeth de la Croix.

Faict et arresté le present estat en vostre dict prieuré, le trente un et dernier jour du mois de janvier mil six cens soixante huict

Signé : Sœur Simonne COCQUEBERT, Prieure †,
Sr Jeanne DE BOHAN, mère du cloistre,
Sr Catherine MICHON, discrete,
Sr A. FRIZON, discrette,

Sœur Jeanne GILLEBAULT, depositaire.
Sœur Apoline CHANTREAU, celeriere,
Sr Remiette VISCOTTE, Boursiere,
Sr Margueritte COQUEBERT, portière.

Aujourdhuy troisiesme febvrier mil six cens soixante huict, Nous frère Jean Virdoux, prestre profex de l'ordre de Fontevrault, vicaire antique et commissaire en cette partie de tres illustre et religieuse princesse dame Jeanne Baptiste de Bourbon, fille légitimée de France, par sa commission en datte du septiesme decembre mil six cens soixante sept, signée de sa main, et de Delaville, son secrétaire, et scellé de son scel portant entre autres choses pouvoir de nous transporter au prieuré de Longueau estably a Reims, membre deppendant dudict ordre, pour en nostre presence estre dressé lestat du revenu temporel dudict prieuré et du nombre de relligieuses, charges ordinaires et extraordinaires, et pour iceluy estat estre à nostre diligence envoyé a madicte dame. Nous sommes transportez audict prieuré de Longueau ou estant arrivé nous avons demandé la mère prieure, a laquelle ayant faict scavoir la teneure de nostre commission, nous l'aurions priée et requise de faire assembler la communaulté au parloir ordinaire en la manière accoustumée pour en faire lecture. Et aussy tost la cloche sonnée, lesdictes Relligieuses, Prieure et couvent sestant trouvées audict parloir, et lecture faicte de nostre dicte commission, nous auroient touttes unanimement declaré estre disposées a y satisfaire et y obéir, et qu'a cest effect elles alloient faire apporter tous leurs tiltres et papiers justifficatifs de lestat cy dessus, et ayant appellé avec nous pour les certiffier et veriffier discrette personne Mre Daniel Esgand, prestre docteur et professeur en theologie et confesseur desdictes relligieuses dudict prieuré, Mres André Augier et Anthoine Le Leu notaires royaux audict Reims, ledict estat et lesdictes pièces estans apportées, nous les avons ensemble veriffiés sur iceluy pendant lespace de deux jours que nous avons pris pour y travailler et y avons travaillé, ce que nous avons trouvé conforme et veritable. En foy de quoy nous avons faict et dressé ce present procès verbal pour iceluy estre rapporté a madicte Dame avec ledict estat et y estre pourveu ainsy que de raison. Donné et faict par nous commissaire susdict, audict lieu de Longueau, les jour et an que dessus, et ont signé avec nous les nommez cy dessus appellez par nous pour ladicte veriffication.

Signé : L. Jean VIRDOUX, commissaire,
Daniel EGAN,
AUGIER,
LELEU.

Chartes du Prieuré de Longueau

II

Sans date (vers 1140).

Le chapitre de l'Eglise de Reims donne au couvent de Longueau sa terre de Melleray[1], à charge de lui payer, chaque année, à la fête de la Dédicace, 12 sols de monnaie provinoise.

Témoins : Boson et Barthélemy[2], archidiacres ; Drogon[3],

---

1. Hameau dépendant de Baslieux-sous Châtillon ; on disait autrefois Mesleroy-Bailleux : les dames de Longueau, après leur transfert à Reims, en étaient seigneurs avec l'abbé d'Hautvillers. Le 2 novembre 1771, suivant acte passé devant Lemaître, notaire à Châtillon-sur-Marne, Marguerite de Comdom, veuve de M⁶ Thomas, baron de Cuningham, demeurant au château de Verneuil-sur-Marne, agissant en qualité de légataire de M⁶ Henry Hyacinthe, comte de Manse, chevalier, seigneur, vicomte des Haut et Bas-Verneuil, tant en son nom personnel, que comme se portant fort pour les héritiers dudit comte de Manse, vendit, moyennant le prix principal de 100 livres, à M⁶ Louis-François Vol, conseiller du roi, président, lieutenant général du bailliage de Châtillon, y demeurant, le fief de Mesleroy relevant de la terre et vicomté des Haut et Bas-Verneuil, et qui consistait en « plusieurs terres, prés, maison et masure, avec 12 arpents de menus bois « en grairie, le tout plus amplement déclaré aux aveux et dénombrements « des 2 juillet 1512 et 9 mai 1715. »

Il résulte d'un autre acte dressé le 22 décembre 1775, par Langevin, notaire à Châtillon, que M. Louis-François Vol de Mesleroy, écuyer, seigneur de Mesleroy, demeurant à Courdemange, paroisse de Baslieux, et M⁶ Claude-François-Armand de Mézières, chevalier, seigneur du Fresne, Fleury-la-Rivière et autres lieux, demeurant au château de Beaurepaire, paroisse de Fleury-la-Rivière, vendirent à M. Edouard-François Mouy, seigneur de Mœurs, demeurant à Sézanne-en-Brie, tous leurs droits dans les seigneuries de Connantray et Œuvy, moyennant le prix de 4,000 livres, pour la part du chevalier de Mézières, et celui de 2,600 livres pour la part de M. Vol de Mesleroy.

2. Barthélemy et Boson figurent dans les cartulaires de Saint-Remy, de Bonne-Fontaine, de Saint-Symphorien, de Saint-Thierry et de Saint-Nicaise, de 1140 à 1162. Barthélemy fut élu évêque de Beauvais, suivant la chronique de Robert du Mont.

3. Drogon paraît dans un cartulaire de Saint-Remy, de 1144 à 1178, et dans l'obituaire de Saint-Symphorien, le 6 des Ides de novembre 1178.

prévôt; Léon [1], doyen; Gervais [2], chantre; Henri et Grégoire, prêtres; Hugues de Châtillon, Geoffroy, diacres; Ségard et Roger, sous-diacres; Adam, doyen de Châtillon; Philippe, chapelain de Longueau; Gaucher, moine de Pontigny [3].

1155.

Henri [4], comte palatin de Troyes, donne aux nonnes de Longueau 60 sols, à prendre chaque année, au jour de la fête de Saint-Remy, sur le tonlieu de Châtillon.

Témoins : Gérard de Chantemerle, Eudes de Pougy [5], Pierre Bursaud [6], Mathieu le Lorrain, Geoffroy Maréchal, Gervais de Châtillon [7].

Fait à Châtillon par Guillaume, notaire, sous le règne de Louis, roi des Francs, et sous l'épiscopat d'Ansculphe [8].

Sans date (après 1170).

Simon de Montaigu [9] donne à la maison de Longueau trois

1. Léon, neveu du chantre Richer, doyen et écolâtre, est nommé en la charte de Renaud II pour les religieux de Saint-Remacle, puis en 1166 et en 1143 dans la charte de l'archevêque Samson pour l'abbaye de Signy. Il était aussi chef des écoles, suivant la bulle d'Adrien IV.

2. Gervais est cité aux années 1130-1137-1144 dans le cartulaire de Saint-Nicaise. Il fut depuis religieux de Saint-Denis. Son nom est marqué le 1er des Calendes d'avril en l'obituaire.

3. Pontigny (Yonne), arrondissement d'Auxerre; abbaye cistercienne fondée en 1114.

4. Henri I le Libéral, 12e comte de Champagne, fils de Thibault II le Grand, et de Mathilde, mourut à Troyes le 16 mars 1181. Il avait épousé Marie de France, fille du roi Louis VII.

5. Pougy, *Poyerium* (Aube), canton de Ramerupt. Eudes de Pougy, connétable de Champagne jusqu'en 1169, époque à laquelle il eut pour successeur Guillaume I, comte de Dampierre. (D'Arbois de Jubainville, *Hist. des Comtes de Champagne*, p. 124.)

6. Pierre Bursaud, chambrier du comte Henri avant 1160.

7. Gervais de Châtillon, auteur des seigneurs de Bazoches, laissa de son mariage avec Hedivide : Nicolas, seigneur de Bazoches et de Vauxéré; Guy, chanoine de Soissons; Milon, abbé de Saint-Médard de Soissons, et Fauque, épouse de Renaud de Courlandon.

8. Ansculphe, plus connu sous le nom d'Ancoul, fils de Nivelon de Pierrefonds et d'Avize de Montmorency, succéda à Joslein de Vierzy. Il assista au concile des provinces de Reims, Sens, Bourges et Tours, tenu à Soissons, et fonda l'abbaye de Saint-Jean-aux-Bois, près Compiègne. Il mourut en 1158 et fut inhumé à Longpont.

9. Montaigu (Marne), château aujourd'hui détruit, commune de Bisseuil, canton d'Ay; il est cité dans les *Feoda Campaniæ*. Simon de Montaigu figure avec Payen de Montigny en la charte de 1146, par laquelle Gaucher II de Châtillon fit, avant son départ pour la croisade, de nombreux dons au prieuré et à l'église de Châtillon.

muids de vin et trois setiers de froment « *Ad faciendum oblationes quibus Christi corpus conficitur* », à prendre annuellement sur la ferme de Tincourt [1], pour le repos de son âme, de celle de son père, de sa mère, de tous ses amis vivants et morts, et surtout pour les âmes « *piæ recordationis* » de Guy et Gaucher de Châtillon. Il donne en outre 10 livres de monnaie forte. En considération de ce bienfait, les religieuses lui accordent de participer à perpétuité aux vigiles et à toutes autres prières qui seraient dites dans leur maison. De plus, un propre sera récité chaque jour à son intention.

Témoins : Mahaut, prieure de Longueau; Billiard, épouse dudit Simon; Payen, son frère [2]; Nicolas, Simon, Vaucher, ses fils; Jean de Béron, Guillaume, Ancel, Adam [3], Jacques, Hugues de Dormans, Guillaume, prieur de Longueau; Jean, chapelain; Raoul, pêcheur de Neuville [4]; Roger, prieur de Neuville; Arnould et Ingelranne, moines.

1158.

Henri, comte palatin de Troyes, à la prière de son fidèle et amé Gaucher de Châtillon, donne à perpétuité, aux pauvres nonnes de Longueau, tout ce qu'elles possèdent et pourront acquérir dans son fief de Champagne et de Brie, soit par vente, soit par donation, franc et libre de tous impôts présents et à venir.

Témoins : Thibault, comte de Blois [5]; Guillaume de Dam-

1. Tincourt (Marne), hameau dépendant de Venteuil, canton d'Epernay. Les anciens seigneurs et les droits seigneuriaux de ce hameau auront une large part dans la notice que je publierai incessamment sur la famille Guyot de Chenizot.

2. Payen de Montigny est nommé parmi les témoins de la charte de 1162, en vertu de laquelle Guy II de Châtillon donne au prieuré de Châtillon 7 muids de vin de la montagne de Reims.

3. Guillaume, maréchal de Champagne, Anséau II, bouteillier de Champagne, seigneur de Traînel; et Adam Bridaine, tous trois témoins de la charte de fondation du prieuré d'Igny-le-Jard en 1178.

4. Neuville, aujourd'hui château avec ferme, dépendant de la commune de Sainte-Gemme, canton de Châtillon-sur-Marne. Le château de Neuville appartient actuellement à la famille d'Hauterive. En 1719, Me Jacques Bodelot, prêtre, prieur de Sainte-Gemme, était décimateur des grosses dîmes de Villers-Agron, conjointement avec les dames du Val-de-Grâce et le commandeur du Temple de Reims.

5. Thibault, comte de Blois, frère de Henri le Libéral, épousa Alix, fille de Louis VII.

pierre, Hugues de Plancy [1], Thibault de Mutry [2], Pierre Bursaud, Geoffroy Maréchal.

Fait à Troyes par Guillaume, notaire, le 12 des calendes d'août ; Louis, roi des Francs ; Ausculphe, évêque de Soissons.

1178.

Guillaume [3], archevêque de Reims, légat du Saint-Siège, atteste ce qui suit :

« Foulques [4], d'heureuse mémoire, doyen de l'église de Reims, a acheté à Gervais de Chaumuzy [5] le tiers de la dîme de Chambrecy [6] et l'a donné à l'église de Longueau, sous la condition que Robert, clerc, son petit-neveu, en jouirait sa vie durant, et qu'après le décès de celui-ci cette libéralité retournerait au couvent de Longueau, dans lequel sa sœur Marie est religieuse.

Témoins : Thomas [7], chantre de l'église de Reims ; Milon de Lagery, Nicolas d'Epernay, Foulques et Léon, chanoines de l'église de Reims, et autres ; Alexandre [8], chancelier.

1. Hugues, seigneur de Plancy, au comté de Champagne, laissa pour fils Milès de Plancy, sénéchal de Jérusalem et seigneur de Montréal, à cause de Etiennette, sa femme, qui était fille de Philippe de Milly, prince de Naplouse et de Montréal. (Voir O. de Poli, *Inventaire des titres de la maison de Milly*. Paris, 1888, p. 67-68.)

Les seigneurs de Plancy contribuèrent largement à la dotation des *Bonshommes* de l'abbaye de Macheret. En 1181, Hugues de Plancy leur aumôna le four banal de cette localité, et Hodoalde, veuve de Gilon de Plancy, du consentement de Philippe et Guy, ses fils, leur donnait, en 1206, une rente de 3 setiers de grain sur les moulins de Clesles. (E. de Barthélemy, *Chartes de l'abbaye de Macheret*.)

2. Mutry (Marne), commune de Tauxières-Mutry.

3. Guillaume I de Champagne, dit aux Blanches-Mains, fils de Thibault II le Grand, 11ᵉ comte de Champagne, et de Mathilde, évêque de Chartres, archevêque de Sens, prit possession du siège de Reims en 1176. Il assista au concile de Latran en 1179 et sacra, à Reims, Philippe-Auguste, son neveu, qui le créa duc de Reims, premier pair ecclésiastique de France, et lui conféra le titre de régent avant de partir pour la troisième croisade. Guillaume mourut à Laon en 1202, et fut inhumé dans la cathédrale de Reims.

4. Foulques souscrivit en la charte du comte de Roucy qui se trouve au cartulaire de Saint-Remy. Alexandre III lui adressa plusieurs commissions en 1169.

5. Chamuzy (Marne), canton de Ville-en-Tardenois.

6. Chambrecy (Marne), même canton.

7. Thomas signa la charte de l'archevêque Henry pour l'accord des abbés de Signy et de Saint-Nicaise en 1172 ; il est cité en 1185 dans le cartulaire de l'Hôpital.

8. Alexandre était encore chancelier en 1182.

1188.

Henri [1], comte palatin de Troyes, confirme la donation faite par Gaucher de Châtillon [2], avec le consentement de sa femme et de ses enfants, à l'église de Longueau, de 15 livres de rente annuelle, à prendre sur le tonlieu de Châtillon, pour l'entretien de deux chapelains chargés de célébrer à perpétuité le Saint-Sacrifice pour le repos de son âme; ladite rente payable moitié à la fête de saint Jean-Baptiste, et l'autre moitié à Noël.

1189.

Henri, comte palatin de Troyes, ratifie le don consenti par son père, le comte Henri, de bonne mémoire, à son filleul Henri, fils de Geoffroi d'Euilly [3], de 20 sols de rente annuelle, à prélever sur le tonlieu de Châtillon, et que ledit Henri a transportés aux moniales de Longueau pour servir de dot à sa sœur qui y prenait le voile.

Donné à Provins par la main du chancelier Haiciet. Vu par Guillaume.

1. Henri II le Jeune, 13° comte de Champagne, roi de Jérusalem, fi s aîné de Henri le Libéral et de Marie de France, marié le 5 mai 1192 à Isabelle, sœur de Baudoin V, roi de Jérusalem.

2. Gaucher III de Châtillon, fils de Guy II et de Alix de Dreux, comte de Saint-Paul, seigneur de Châtillon, Troissy, Crécy, Pierrefonds, Pont-Saint-Maixent, sénéchal de Bourgogne, bouteiller de Champagne, etc., suivit le roi Philippe-Auguste en Terre-Sainte, où il se signala au siège d'Acre. Il prit part à la conquête du duché de Normandie en 1203 et 1204, et suivit le comte de Montfort contre les Albigeois. Le roi lui donna en Flandre le commandement de son armée, avec laquelle il occupa Tournay et se distingua à la bataille de Bouvines en 1214. Il se croisa contre les Albigeois en 1219, et mourut avant le mois d'octobre de la même année. Il avait épousé Elisabeth, comtesse de Saint-Paul, fille de Hugues, dit Campdavoine, comte de Saint-Paul, et de Yolande de Hainaut, dont il eut :

1° Guy I, comte de Saint-Paul ;

2° Hugues I, comte de Saint-Paul, auteur de la branche des comtes de Saint-Paul et de Blois ;

3° Eustache, mariée à Daniel, seigneur de Béthune ;

4° Elisabeth de Châtillon, alliée à Aubert de Hangest, seigneur de Genlis, morte en 1233.

3. Œuilly (Marne), canton de Dormans. Le 8 janvier 1717, suivant acte de Lesueur, notaire à Châtillon-sur-Marne, M⁰ Charles de Haudoin, chevalier, seigneur et vicomte de Passy, agissant comme tuteur des enfants nés de son mariage avec défunte dame Charlotte d'Alligret, donna à bail, pour neuf années, moyennant une redevance de six cent cinquante livres par an, à Anne Antoine, veuve de Pierre Majot, vivant maître des postes à Port-à-Binson, la moitié appartenant à ses enfants dans les terres et seigneuries d'Euilly, Misy et le Mesnil, qui consistaient en maisons seigneuriales, bâtiments et lieux en dépendant, terres, prés, bois, aulnaies, peupliers, haies, buissons, vignes, oseraies, cens, surcens, droits seigneuriaux, lods, ventes, vêtures, saisines et amendes.

1189.

Guy de Châtillon [1] et Gaucher son frère, du consentement de Robert, aussi son frère, donnent aux religieuses de Longueau 40 sols, 11 setiers de grains et 8 muids de vin, à prendre sur Orquigny [2], chaque année, à la Saint-Remy. S'ils reviennent de la croisade, ils leur concèdent dès à présent la moitié de leur vivier, et la totalité après leur mort, quitte et libre de toute redevance. Ils défendent sévèrement à quiconque de pêcher dans ce vivier, sauf aux pêcheurs des religieuses. A leur retour, ils pourront reprendre ce vivier comme auparavant, et déchargent de toute responsabilité leur homme, Hugues de Binson.

Témoins : Guy, prieur de Binson ; Milon de Sorcy [3], Geoffroy [4], clerc de Beauvais ; Pierre de Villenauxe [5], Milon de Sorcy et Hébert son fils, Eudes Lenoir d'Orquigny.

1191, février.

Vidimus du testament de B. d'Hautvillers [6].

« L., remensis ecclesiæ decanus, et magister F. ejusdem ecclesiæ canonicus, omnibus qui præsentes literas inspexerint in

1. Guy III de Châtillon, seigneur de Montjay, se croisa avec Philippe-Auguste, ainsi que ses deux frères.

2. Orquigny (Marne), section de Binson-Orquigny, canton de Châtillon-sur-Marne. (Sur le prieuré de Binson, consulter Dom Noël et D' Remy, *op. cit.*)

3. Sorcy (Aisne), hameau aujourd'hui disparu de Villers-en-Prayères, canton de Braisne. Le nom est conservé actuellement par le ruisseau de Sorcy, affluent de l'Aisne.

4. Du Chesne dit que Geoffroy était chanoine de l'église de Beauvais.

5. Villenauxe (Seine-et-Marne), arrondissement de Provins.

6. Je dois à l'extrême courtoisie et aux connaissances héraldiques de M. le vicomte O. de Poli l'indication de nombreuses sources sur le lignage d'Hautvillers au sujet duquel je me bornerai à citer les noms suivants. Je me fais un devoir de lui adresser ici la légitime expression de ma reconnaissance pour les services et les encouragements qu'il a si largement prodigués à mon égard.

Vers 1172. Rogier de Ahautviler, Paien de Hautviler et Guilliaumes d'Auviler, tous trois nommés au *Livre des vassaux de Champagne*.

1222, août. Etienne de Hautvillers, enquêteur pour le Roi en la baillie Cépoi. (L. Delisle, *Actes de Ph. Auguste*, n° 2169.)

1250. « Johannes de Alto Villari. » (B. N. ms latin 11004, *Cart. de l'abb. de Saint-Jean des Vignes de Soissons*.)

1297. Scel d'Eudes de Hautvilliers pendant au testament de Robert II, duc de Bourgogne. (Dom Planchet, *Hist. de Bourgogne*, tom. I. Preuves, p. 96.)

1299. « Frater Gerardus de Alto-Villari, serviens in domo de Nova-Villa »,

— 32 —

Domino salutem [1]. Noveritis quod nos originale istius transcripti vidimus et perlegimus ; forma siquidem ipsius talis erat : Lgo G.[2], Sparnacensis ecclesiæ minister humilis, et conventus noster, præsentibus et futuris notum facimus quod B. miles de Altovillari ad sepulchrum Domini, Deo volente, profecturus, testamentum istud, sicut scriptum hic habetur, in præsentia nostra fecit : Garino fratri suo, terram suam de Agniaco [3], et Teschœtte de Indrolio [4], et illam partem vineæ suæ de Disi [5], quam a patre suo habuit, et campum de Tournoi [6], et homines suos de Campania [7], et campum de Moncello Ledewi [8], et silvam suam de Pœlli [9], in elemosinam dedit ; sorori suæ de Sparnaco, et sorori suæ de Turribus [10]. medietatem vineæ suæ de Campobrunel et campos de Warinval ; sorori suæ de Portechacre [11], vineam suam de Sarches [12] ; Helewidi sorori suæ, domum suam ; sorori suæ de Ogier [13], prata sua, mobile, et ortum cum vinea ; sorori suæ de Altoville, terram de Valle, et campum Villesent [14], et campum de

reçu templier ; baillie de Châlons. (Michelet, *Procès des Templiers*, tom. I, p. 407.)

1346, 25 mars. Scel de Jehan d'Auviler, receveur de Vermandois. (Pièces originales : *Doss. de There en Normandie*, p. 3)

1355. Scel de Gile d'Auviler, écuyer de Vermandois. (Clairambault, *Tit. scel*, reg. 40, p. 2961.)

1. Léon II, successeur de Pierre. (Voir la charte ci-après du mois de septembre 1201.)

2. Guy, abbé de 1186 à 1198 de l'abbaye de Saint-Martin d'Epernay, ordre de Saint-Augustin, fondé en 1032 par Eudes, comte de Champagne.

3. Aigny (Marne), canton de Châlons.

4. Léchelle (Marne), hameau de Reuil, canton de Châtillon-sur-Marne.

5. Dizy (Marne), canton d'Epernay.

6. Tournai (Marne), hameau de Favresse, canton de Thiéblemont.

7. Champagne (Marne), section de Champigneul, canton d'Ecury sur-Coole, à moins que ce ne soit Champillon, village voisin d'Hauvillers.

8. Moncel-sur-la-Livre, aujourd'hui le Moncet (Marne), commune d'Avenay, canton d'Ay.

9. Poilly (Marne), canton de Ville-en-Tardenois.

10. Tours-sur-Marne, canton d'Ay.

11. Oger (Marne), canton d'Avize.

12. Vers la même époque, Roger de Portechacre donne à l'Hôtel-Dieu de Reims le quart de la dîme de Taissy, et il ordonne qu'à son anniversaire un repas soit offert au Chapitre et à six pauvres.

13. Sarcy (Marne), canton de Ville-en-Tardenois.

14. Villesaint (Marne), écart de la commune de Boursault, canton de Dormans.

Lavena[1]; sororibus suis de Aveniaco[2], II modios vini, quandiu vixerint; leprosis de Altovillari, campum de Bruinval; matri suæ, vinagia sua, quandiu vixerit, et post mortem ejus dominabus de Longua Aqua, ad anniversarium suum faciendum, in festo sancti Nicholai; Joiranno[3] abbati, suam vannam, quandiu vixerit, post mortem ejus ecclesiæ Altovillaris[4]; ipsa autem vanna debet canonicis de Sparnaco, X anguillas, in prima dominica.....; X libras, canonicis de Sparnaco; X libras turon. sanctimonialibus de Aveniaco; X libras turonensium, sacerdotibus de Altovilla, centum solidos, priori de Altovilla ; centum solidos Philippo comiti; XL solidos, Simoni Labole; XL solidos, Theob. medico; XL solidos, Renardo de Blaine[5]. Hæc autem omnia, ut scriptum babetur, singulis in elemosinam dedit. Quod ne valeat oblivione deleri præsenti scripto commandatum est et sigilli nostri appositione firmatum. Actum anno incarnati Verbi MCXCI, mense februarii. »

1198.

Thibault[6], comte palatin de Troyes, donne en perpétuelle aumône, à l'église de Longueau, 100 sols de rente annuelle, à prendre sur le tonlieu de Châtillon, savoir : 40 sols à la fête de Saint-Remy, et 60 sols à Pâques, à charge, toutefois, par les religieuses, de faire célébrer tous les ans l'anniversaire de sa mère, la comtesse Mathilde.

Fait par Gaucher, chancelier, avec le signe de Pierre.

1198.

Thibault, comte palatin de Troyes, donne aux nonnes de Longueau un droit d'usage dans sa forêt de Vassy[7], pour y prendre le bois vif dont elles ont besoin pour leurs constructions, et le bois mort nécessaire à leur chauffage.

1. Lavannes (Marne), écart d'Epernay.
2. Avenay (Marne), canton d'Ay. Abbaye de l'ordre de Saint-Benoît, fondée vers 660 par sainte Berthe, épouse de saint Gombert.
3. Jorannc, 28e abbé d'Hautvillers, mourut le 28 décembre 1180.
4. L'abbaye d'Hautvillers, de l'ordre de Saint-Benoît, fut fondée par saint Nivard, vers 660.
5. Bligny (Marne), canton de Ville-en-Tardenois.
6. Thibault III, 14e comte de Champagne, frère de Henri II le Jeune, décédé le 24 mai 1201, à l'âge de vingt-deux ans, avait épousé, le 1er juillet 1199, Blanche, fille de Sanche le Sage, roi de Navarre.
7. La grande forêt de Vassy couvre le territoire d'Igny-le-Jard, à l'angle sud-est, et le sépare des communes d'Orbais, Suizy-le-Franc, Mareuil-en-Brie et le Baizil. Le hameau de Vassy, situé sur la route qui conduit de Dormans à la forêt, fait partie de cette dernière commune.

1198.

Gaucher de Nanteuil [1] confirme aux religieuses de Longueau tout ce qu'elles ont reçu en son fief, savoir : de Gaucher [2], son père, 15 livres de revenu annuel sur le tonlieu de Châtillon, moitié à prendre à la Saint-Jean-Baptiste, et moitié à Noël, pour dotation de deux chapelains chargés de célébrer la messe à perpétuité pour le repos de son âme, avec un demi muid de blé à prendre sur le four de Lhéry [3], et autant que Guy [4], son oncle, leur a octroyé au même lieu, plus 20 sols de trécens à Faverolles [5], à recevoir, en l'octave de l'Epiphanie, dans sa grange d'Esclem [6] ; 4 setiers de froment à Tramery [7], 8 muids de vin de Milon Gordon, à Tramery ; 5 autres muids pour la dotation de sa fille religieuse ; le tiers du moulin de Faverolles avec le service dû à ce moulin ; 1 muid de blé sur le four de Bligny [8]; une prairie et deux pièces de terre pour la dotation de ses deux nièces qui ont pris le voile. En don de Thomas de Savigny [9], un autre tiers du moulin de Faverolles, avec un pré voisin, pour la dotation de sa fille religieuse ; en don des frères Girard et Eudes de Lagery [10], 27 setiers et une mine de blé, dont 7 à prendre sur le moulin de l'endroit, et le reste sur la dime du village, pour la dotation de deux religieuses ; en don d'Hugues du Plessier [11], 4 setiers de froment à prendre

1. Gaucher II de Nanteuil, fils de Gaucher I de Nanteuil, et d'Helvide, décédé au mois de mai 1224, enterré à Igny, épousa en premières noces Sophie, comtesse de Chevigny, et ensuite Alix de Courlandon, dont il eut Gaucher III de Nanteuil, seigneur de Nanteuil, Suippes, Faverolles et Treslon.

2. Gaucher I de Nanteuil était fils de Gaucher II, seigneur de Châtillon, Troissy et Montjay, et de Ade de Roucy. Il mourut en 1187, et Helvide sa femme en 1190 ; tous deux ont été enterrés à l'abbaye d'Igny.

3. Lhéry (Marne), canton de Ville-en-Tardenois.

4. Guy II de Châtillon.

5. Faverolles (Marne), canton de Ville-en-Tardenois.

6. Eclin (Marne), commune de Chaumuzy, situé sur le penchant d'une colline à l'entrée du bois de Courton, au sud du territoire du village.

7. Tramery (Marne), même canton.

8. Bligny (Marne), même canton.

9. Savigny-sur-Ardre (Marne), même canton.

10. Lagery (Marne), même canton.

11. Le Plessier (Marne), ferme dépendant d'Aougny, même canton. Guy du Plessier, chevalier champenois, se croisa avec le comte Thibault en 1198. Claude du Plessier, écuyer, seigneur d'Ogny et du Fort Chastel du Plessier, avait épousé, vers 1550, Perrette de Bussy, fille de Jehan, écuyer, seigneur d'Ogny et Rougnac, et de Jehanneton de Miremont. (Le baron E. du Pin de la Guérivière, *Ascendants et alliés de la Maison du Pin de la Guérivière*, Reims, Imp. moderne, 1894.)

sur sa grange, pour la dot de sa fille ; en don d'Allard de Sarcy [1], à Tramery, 1 muid de vin à prendre sur ses vignes.

Sans date (vers 1198).

Gaucher de Nanteuil confirme la donation faite aux nonnes de Longueau, par Guy son frère, de 28 sols à prendre à perpétuité, sur les trécens de Faverolles, dans l'octave de l'Epiphanie. Il reconnaît en outre que l'église de Longueau lui a accordé la possession héréditaire de ce qu'elle avait reçu de la terre de Milon Chardon de Courville et Ville-en-Tardenois, et qu'en échange il a abandonné à ladite église 6 setiers de froment à Anthenay.

1198.

Gaucher de Châtillon [2] confirme aux religieuses de Longueau tout ce qu'elles tiennent du don et aumône de ses prédécesseurs et d'autres, savoir : de Gaucher [3], son aïeul, le lieu où est bâtie la maison conventuelle avec tout ce qu'il possédait en cet endroit, notamment le bois, l'eau, les prés et les champs, avec le moulin de Nuisement [4], une charrue de terre à Bligny [5], une autre à Anthenay [6]; de Guy [7], son père, deux parts dans

1. Sarcy (Marne), même canton.
2. Gaucher III, comte de Saint-Paul.
3. Gaucher II, seigneur de Châtillon, de Troissy et de Montjay, fils de Henri I de Châtillon, et de Ermengarde de Montjay, accompagna le roi Louis le Jeune au voyage de la Terre-Sainte ; en passant par les montagnes de Laodicée, il fut tué par les Sarrazins, le 19 janvier 1147. Il avait épousé Ade, fille de Hugues, dit Cholet, comte de Roucy et d'Aveline, dont il eut plusieurs enfants, entre autres :
Guy II de Châtillon,
Et Gaucher I, auteur de la branche de Nanteuil.
4. Nuisement (Marne), canton d'Ecury-sur-Coole.
5. Bligny (Marne), canton de Ville-en-Tardenois.
6. Anthenay, canton de Châtillon-sur-Marne.
1684. M⁰ Jean Beaudier, sieur d'Anthenay, garde du corps du roi, demeurant à Châtillon. 1765. Pierre-Jean Bocquet, écuyer, sieur d'Anthenay.
7. Guy II, seigneur de Châtillon, Troissy, Montjay et Crécy, fils de Gaucher II et d'Ade, vivait en 1170 et laissa, d'Alix de Dreux, sa femme, fille de Robert de France, comte de Dreux, et d'Avoise d'Evreux :
1° Gaucher III, comte de Saint-Paul ;
2° Guy III de Châtillon, seigneur de Montjay, mort au siège d'Acre en 1191 ;
3° Robert, évêque de Laon, qui se trouvait à la bataille de Bouvines, en 1214, et mourut en 1215 ;
4° Marie, alliée à Renaud, comte de Dammartin, et ensuite à Jean III, comte de Vendôme ;
5° Alix, dame de Clichy-la-Garenne, mariée à Guillaume, seigneur de Garlande ;
6° Amicie de Châtillon, qui était mariée, en 1185, à Baudoin du Donjon.

les deniers, aux trois solennités, à Courville[1], de noble dame Ade de Châtillon[2], le moulin de la Chaussée[3], le moulin de Bligny et 20 sols à Brugny[4], de sa tante maternelle, Ermengarde, trois sols et un demi muid de blé sur le moulin d'Orquigny ; de Pierre Poix, 20 sols de rente sur Brugny, à prendre à Binson ; de Dodon de Mesleroy, un muid de blé et un muid de vin, un demi-muid de blé à prendre sur sa grange de Troissy[5], avec tout ce que les religieuses possèdent de surplus en rente et cens dans l'étendue de son domaine.

1199.

Guillaume, archevêque de Reims, cardinal-prêtre du titre de Sainte-Sabine, confirme la donation faite aux pauvres nonnes de Longueau, membre de l'abbaye de Fontevrault, par Maurice de Belrain[6], son fidèle et amé chevalier, de dix setiers de grain, à prendre annuellement sur les moulins de Chaumuzy, moitié froment, moitié orge.

Fait par Mathieu[7], chancelier.

1. Courville (Marne), canton de Fismes.
2. Ade de Châtillon, femme de Gaucher II.
3. La Chaussée (Marne), lieudit de Vauciennes, canton d'Épernay.
4. Brugny (Marne), canton d'Épernay.
5. Troissy (Marne), canton de Dormans. 1708. — Anciens seigneurs : M⁺⁺ Charles-Bernard de Pastour, écuyer, seigneur de Troissy. 1720. M⁺⁺ Philippe-Gaspard de Castille, chevalier, marquis de Chenoise, seigneur, baron de Troissy, vicomte de Nesle-le-Repons, Try et autres lieux, lieutenant du Roi au gouvernement de Champagne et Brie, demeurant au château de Chenoise. Le 26 février 1721, il donna à bail à Nicolas Couvelet, marchand à Reuil, et Marguerite Niverd, sa femme, et a Philippe Legendre, meunier à Cuisles, le revenu des terres et seigneuries de Troissy, Nesle et Try, consistant en « le château de Troissy et ses dépendances, les terres labourables, les droits seigneuriaux, la tuilerie, le moulin de Nesle, le moulin de Troissy, 32 arpents de bois taillis, au bois du Crochet, à la forêt de Bouquigny, au bois de la Goulenne et à la forêt de Nesle ; le bac de la Maison Rouge, la nacelle passante et tournante à Try ; les terres, prés et versaines, pressoirs de Troissy, Bouquigny et Nesle ; rentes, haute, moyenne et basse justice, cens, surcens, défauts, amendes, droit d'afforage, hallage, mesurage, droit de place aux jours de foire et marché, greffe de la justice de Troissy, Nesle et Try, et généralement tous droits dépendant des terres et seigneuries de Troissy, Bouquigny, Try et Nesle, moyennant une redevance annuelle de 3,250 livres, et à charge de fournir chaque année aux dames religieuses de l'Amour-Dieu 8 setiers de blé, mesure de Troissy, et un poinçon de vin clairet. »

6. Belrain (Meuse), canton de Pierrefitte.

7. Mathieu succéda à Lambert, devenu évêque de Thérouanne ; il est indiqué au cartulaire de Saint-Nicaise et de Saint-Denis, sous les années 1194, 1199 et 1200.

1200.

Maurice, chevalier rémois, donne, avec le consentement de Lucie, sa femme, en perpétuelle aumône, douze setiers de froment, à la mesure de Fismes, sur Unchair¹, aux dames de Longueau, qui ont reçu sa fille Marguerite dans leur communauté, et ce, avec faculté de rachat, en payant trente livres provinoises, dans le délai de deux ans à compter du jour de Pâques.

1200.

Gaucher de Nanteuil donne à Helvide, sa mère, la grange d'Eclin, avec ses dépendances, tant en jardins, terres labourables et prés, qu'en cens d'Espilly² et de Chaumuzy, avec l'avoine, et le petit bois voisin de ladite grange³, à charge de payer un cens annuel de douze deniers, à la Saint-Remy. Il lui donne aussi une part du Moulin Hardy avec les prés en dépendant, et le droit d'usage et de pâture des Batis de Nanteuil. Il accorde également à sa mère le droit d'acquérir depuis la Planchette⁴ jusque vers le haut de Chaumuzy, jusqu'à sept sols de cens, les terres et prés nécessaires pour l'établissement d'une grange.

1200.

Confirmation de la charte qui précède, par Gaucher de Châtillon.

1200, novembre.

Confirmation de la même charte par Guillaume, archevêque de Reims; fait par Mathieu, chancelier.

1200, décembre.

Troisième confirmation de ladite charte par le comte Thibault de Champagne. Fait à Châtillon.

1200.

Gaucher, seigneur de Nanteuil, donne à l'église de Longueau deux setiers de froment et deux setiers d'orge, mesure de Reims, livrables chaque année à la fête de Saint-Remy, pour l'emplacement d'un moulin situé à Tréloup⁵, que la prieuresse et le chapitre de Longueau lui avaient concédé à

---

1. Unchair (Marne), canton de Fismes.
2. Espilly (Marne), hameau de Chaumuzy. — 1700. Marc de Cosson, écuyer, demeurant à Spilly, près Chaumuzy. — (Paul Pellot. *Une prise de voile, en 1714, à l'Amour-Dieu-les-Troissy*. Saint-Amand, imp. Destenay, 1895.)
3. La grange du Moyen-Age était ce que nous appelons une métairie.
4. Planchette, petit pont en bois sur un ruisselet.
5. Tréloup (Aisne), canton de Condé.

perpétuité. La jouissance viagère de cette aumône est laissée à sa sœur Agnès de Reims, ci-devant prieuresse de Longueau, pour retourner après son décès à l'église dudit lieu.

1201, septembre.

Léon[1], doyen, Hémart[2], chantre de l'église de Reims, et Foulques, chanoine de ladite église, attestent ce qui suit : Robert d'Aulnay[3], clerc, en présence de Richard, prieur de Longueau, reconnaît avoir vendu le profit de sa dîme de Chambrecy qui, après son décès, devait retourner à l'église de Longueau, moyennant dix livres de monnaie de Provins, payables aux religieuses du monastère dans le délai de trois ans. Il a en outre été convenu que Marie, sa sœur, religieuse du couvent, prendrait sa vie durant, sur cette dîme, trois setiers de froment chaque année.

1204, septembre.

Baudoin[4], prévôt, P.[5], doyen, H., chantre, et autres frères du chapitre cathédral de Reims, font savoir que Gaucher de Lagery[6], chevalier, a donné à l'église de Longueau le douzième lui revenant dans la dîme de Lagery, sauf dix setiers de grains que l'église de Saint-Denis avait le droit de prendre sur cette dîme. Adam de Lagery[7], chevalier, confirme cette aumône. En considération de ce bienfait, le couvent de Longueau reçoit en religion la fille de Gaucher, et fait remise à ce dernier des quatorze setiers de grains qu'il devait chaque année.

1204, octobre.

Blanche[8], comtesse palatine de Troyes, confirme la dona-

---

1. Léon II figure dans le cartulaire de Saint-Nicaise, et fut depuis religieux de Saint-Denis de Reims, suivant l'obituaire, le 8 des ides d'octobre.

2. Hémart, évêque de Soissons en 1207, d'après Albéric.

3. Aulnay (Marne), ancien village détruit, aujourd'hui simple ferme, commune de Ville-en-Tardenois.

4. Baudoin fut l'un des trois candidats à l'archevêché, après le décès de Guillaume de Champagne, mais il y eut opposition. Il mourut le 2 des ides de septembre, suivant l'obituaire de Saint-Timothée, et fut enterré au cloître du monastère d'Igny.

5. Billiard, neveu de Boson, archidiacre de Champagne.

6. Gaucher de Lagery, fils d'Adam, seigneur de Lagery, et d'Ade, épousa Hersinde dont il eut Gérard, chevalier, seigneur de Lagery en 1219. — (Comte E. de Barthélemy. *La famille d'Urbain II.*)

7. Adam de Lagery était fils d'Eudes et d'Aelis, arrière-petit-neveu du pape Urbain II. — (E. de Barthélemy, *op. cit.*)

8. Blanche, fille de Sanche le Sage, roi de Navarre, avait épousé, le 1er juillet 1199, Thibault III, comte de Champagne ; elle est décédée en 1229.

tion faite par Roger de Cramant[1], à la maison de Longueau, de quarante sols de revenus, qu'il tenait d'elle en fief sur le péage d'Epernay, à prendre chaque année à la fête de la Nativité.

Fait à Uzy[2], par Gaucher, chancelier, avec le signe de Jean.

1205, juin.

Ermengarde[3], abbesse de Saint-Pierre de Reims[4], et le couvent dudit lieu, déclarent que Marguerite, femme de feu Baudoin Estout, a donné aux Sœurs de Longueau vingt sols de trécens qu'elle possédait sur la maison de Cauchon de Montlaurent[5], située contre la maison de Hugues le Cornier, et qu'elle avait achetés de ses deniers durant son veuvage, à prendre annuellement, moitié à la fête de Saint-Remy, et l'autre moitié à Pâques, à charge d'un anniversaire pour son mari à la fête des apôtres Simon et Jude. Il est convenu que Marie, sœur de Marguerite, percevra ce trécens sa vie durant, et qu'après son décès, il retournera libre aux Sœurs de Longueau.

1205.

B.[6], prévôt, B.[7], doyen, H., chantre et autres frères de l'église de Reims, attestent que Ytburge, religieuse de Longueau, a donné à ce monastère la moitié de sa maison proche la porte du cloître des Chanoines, tenue par Robert le gantier, sous un trécens annuel de 30 sols, et vingt et un de cens, sur un étal au marché. Ytburge réserve la jouissance de cette libéralité pendant sa vie et celle de sa fille Garsie. Lors de leur décès, ce revenu servira à acheter du charbon pour chauffer la communauté après les matines, et au réfectoire.

1206, janvier.

B. prévôt, B. doyen, H. chantre et autres frères de l'église

---

1. Cramant (Marne), canton d'Avize. Roger de Cramant, homme-lige, a son article sous le n° 2851 du *Livre des Vassaux du comté de Champagne*.
2. Uzy (Yonne), commune de Domecy, canton de Vézelay.
3. Ermengarde n'est pas citée par la *Gallia Christ.*, parmi les abbesses de Saint-Pierre de Reims. Elle doit venir après Ludivide, qui mourut en janvier 1201, et avant Elisabeth II, qui transigea en 1211, avec Raoul, comte de Porcien.
4. Abbaye de l'ordre de Saint-Benoît, fondée à Reims, au VII° siècle, par sainte Bove, fille du roi Sigebert.
5. Montlaurent (Ardennes), canton de Rethel.
6. Beaudoin II, prévôt de Reims, de 1192 à 1206.
7. Beaudoin, 16° doyen de Reims, de 1204 à 1210.

de Reims, déclarent que Hugues d'Unchair[1], chevalier, et Pentecôte, sa femme, touchés de la pauvreté de la maison de Longueau, dans laquelle ils ont deux filles au service de Dieu, ont donné à l'église de ce couvent, du consentement de Geoffroy, leur fils, 24 setiers de grains, moitié blé d'hiver, moitié blé marsois[2], à la mesure de Fismes, à prendre chaque année, sur la dîme d'Unchair, et en cas de déficit, sur le moulin de Vandières[3], ou sur leur ahanage[4] d'Unchair.

1207, lendemain de l'Epiphanie.

Hugues[5], comte de Rethel, et Félicité, sa femme, du consentement de Hugues, leur fils, donnent aux dames de Longueau un muid de froment, à prendre tous les ans, à la fête de

1. Unchair (Marne), canton de Fismes. Hugues de Lagery, seigneur d'Unchair, était fils de Guillaume de Lagery, et eut pour fils Geoffroy, né de son union avec Pentecôte, et vivant en 1210.

2. *Marciagium, martium* ou *trimestre frumentum*. En français, *mars, marsis, marsois, marsage*. « Ils doivent pour chacun stier de bled un denier parisis et pour chacun stier de *marsage* une obole » (Statuts de l'échevinage de Mézières-sur-Meuse, Ardennes). *Marsaige*, en la charte communale de Mézières, octroyée par Hugues III, comte de Rethel, en 1233.

3. Vandières (Marne), canton de Châtillon-sur-Marne. Anciens seigneurs : 1700. Jean Lévêque, écuyer, seigneur dudit lieu et de Pouilly, conseiller du roi, ancien lieutenant des habitants de Reims. — (Givelet. *Armorial des Lieutenants des habitants de Reims*.)

1756. Charles Drouart de Vandières, écuyer.

1761. Simon-Eléonore-Hubert, officier du roi.

1768. Madeleine-Claude de Soisy, veuve de M⁰ Gédéon-Charles de Conquérant, à laquelle Jean-Martin Robert, écuyer, demeurant à Reims, rend foi et hommage, le 26 septembre de ladite année, à cause du fief de Barbonval, relevant de la terre de Vandières.

1776. Marie-Louis-Jacques Goudin de la Bory, ancien officier au régiment de Champagne, et François-Guillaume de Sauville de la Presle, écuyer, conseiller du roi honoraire en la Cour des Monnaies.

1789. Charles Magonet, brigadier des gardes du corps du roi.

(Voir *Hist. de Vandières*, par J.-B. Legras. Reims, Imp. coop., 1877.)

4. *Ahenagium, ahanagium*, ahenage, ahanage comprend tous les produits des champs cultivés. En vieux français : *ahan*, peine, labeur, parce qu'on ne cultive pas sans mal. *Ahanage* et *ahenage* s'employaient encore pour désigner non seulement la culture de la terre, mais la terre arable elle-même. On dit aussi *ahennier* pour laboureur. (*Ducange*, verbo *ahenagium*.)

5. Hugues III, comte de Rethel, seigneur de Mézières, Arches et Château-Regnault, décédé en 1228, épousa : 1° en 1191, Félicité de Broyes ; 2° Félicité de Beaufort. Il était fils de Manassès V, et de Mahaut de Lorraine.

En 1220, il prit parti pour le comte de Champagne, et fut chargé de garder le pont de Port-à-Binson, mais n'ayant pu résister, il prit la fuite.

Saint-Denis, sur le Châtelet[1], à la mesure dudit lieu, à charge de faire célébrer après leur mort, à perpétuité, un anniversaire pour eux et pour leurs prédécesseurs, le lendemain de la fête de Saint-André.

1207.

M.[2], comtesse de Bourgogne, veuve de H. de Oisy, donne, sa vie durant, aux religieuses de Longueau, la moitié de la dîme qu'elle possède à Verneuil[3].

1207.

Jean, seigneur de Montmirail[4], donne à l'église de Longueau tout ce qui lui appartient, de son chef, dans la moitié de la dîme de Verneuil.

1208, mai.

Hugues, comte de Rethel, notifie le traité suivant :

Helvide de Mont de Jeux[5] doit 80 livres rémois à Guyonne, du chef d'Henri, son mari. Elle a assigné pour l'extinction de cette dette tous ses revenus de Mont-de-Jeux, excepté le four banal et la menue dîme. Guyonne et Gérard, son mari,

1. Le Châtelet-sur-Retourne (Ardennes), canton de Juniville.

2. Marguerite de Blois, décédée en 1230, fut mariée : 1° avec Hugues d'Oisy III° du nom, seigneur de Montmirail, vicomte de la Ferté et châtelain de Cambrey ; 2° à Othon, comte de la haute Bourgogne, frère de l'empereur Henri VI, et fils de Frédéric Barberousse ; 3° avec Gautier II, seigneur d'Avesnes, dont elle eut Marie d'Avesnes, comtesse de Blois, seconde femme de Hugues I de Châtillon, comte de Saint-Paul. — (*P. Anselme*, t. II, p. 846.)

3. Verneuil (Marne), canton de Dormans. Seigneurs :

1683. Marie-Angélique Dumesnil de Saint-Simon, veuve de M" Gaspard de Baradat, chevalier, vicomte de Verneuil.

1720. Pierre-François Le Gorlier, seigneur de Verneuil, demeurant à Châlons.

1777. M" Paul le Cordelier, chevalier de l'Ordre de Saint-Louis, maître de camp de cavalerie, seigneur en partie des haut et bas Verneuil.

En 1786, il existait à Verneuil une importante manufacture de faïence et de porcelaine, ainsi que l'atteste un traité passé devant Hacquart, notaire à Châtillon-sur-Marne, le 1" novembre de la même année. Par cet acte, le sieur Pierre-Antoine Hamon, manufacturier à Verneuil, se rend acquéreur des parts et portions appartenant, dans cet établissement, à M" Charles-Louis-Philippe de Salperwick, chevalier, marquis de Grigny, grand bailli d'épée héréditaire des ville et bailliage royal d'Hesdin, demeurant à Eserval, province d'Artois, et à M"" Hélène-Jeanne-Louise Mouck d'Erguy, épouse de M" Louis-Antoine Moullart, chevalier, seigneur du grand Moulin, demeurant à Montreuil-sur-Mer.

4. Montmirail, chef-lieu de canton, arrondissement d'Epernay.

Jean de Montmirail, fondateur de la Maison-Dieu de Mécringes, en 1208.

5. Mont-de-Jeux (Ardennes), section de Saint-Lambert, canton d'Attigny.

ont stipulé de ne recevoir des revenus d'Helvide la valeur de deux sols qui ne soit portée en compte et déduite de la créance totale. Deux hommes du village percevront ces revenus qu'ils remettront à Guyonne, et les feront porter en compte par Gilon[1] de Saint Lambert. Le blé sera vendu dans la quinzaine de la Saint-Remy, ou dans la suivante, à moins que Guyonne ne consente à un autre délai.

Témoins cautions et assermentés, chacun pour dix livres : Hugues de Sorcy[2], Raoul *de Cuneitteur*, Gervais de Vienne, *N. d'Arthalia*, Renaud, son frère, Guy d'Hauteville[3], Mathieu de Suzanne[4] et Jehan de Suzanne.

Témoins non assermentés : Guy de Beffort[5], pour dix livres, lequel, pour être quitte, abandonne ce qu'il possède au Mont de Jeux ; Geoffroy de Coucy[6] a répondu pour dix livres. Gilon de Saint-Lambert, qui tient le Mont-de-Jeux dans sa mouvance et a confirmé tout ce que dessus, répondra à quiconque attaquerait Guyonne.

1209, janvier.

Albéric de Humbert notifie ce qui suit :

Gérard de Mont de Jeux, chevalier, a doté noble dame Guyonne, sa femme, de la moitié de la terre qu'il a héritée de ses père et mère, ainsi que de son château. En outre, comme ladite Guyonne avait prêté une forte somme d'argent audit Gérard, celui-ci lui abandonne en retour une vigne et un jardin au Mont-de-Jeux, avec les vinages du lieu, pour en jouir sa vie durant, et quatre muids de grains, moitié froment, moitié avoine, à percevoir chaque année, et dont elle pourra disposer, à son gré, pour le repos de son âme et de celle de son mari.

1209.

Confirmation de la charte qui précède par le chapitre de l'église de Reims.

---

1. Gilon de Saint-Lambert est cité sous les n°° 304 et 305 du *Rôle des Fiefs* comme possédant du chef de sa femme, à Oiry, vingt journaux et quatorze fauchées de terre, la justice, trois quartels de vigne, six livres, partie pour le four et partie pour le charroi. Tous ces droits sont de la mouvance de Roger d'Oiry, qui tient la justice dudit lieu.

2. Sorcy (Ardennes), canton de Novion-Porcien.

3. Hauteville (Ardennes), canton de Château-Porcien.

4. Suzanne (Ardennes), canton de Tourteron.

5. Beffort (Marne), village aujourd'hui détruit, sur le territoire de Bazancourt, canton de Bourgogne.

6. Coucy (Ardennes), canton de Rethel.

1209, juin.

Milon [1] d'Anthenay, chevalier, donne aux nonnes de Longueau, du consentement de la comtesse sa femme, de Gilbert et de Renaud, ses enfants, tous les avantages, produits, terres, prés, bois, rentes, hommes et autres biens qu'il possède à Baslieux et à Melleray, après avoir, pour la validité de la disposition, obtenu le consentement de Gaucher de Nanteuil, son suzerain.

1209, juillet.

Sophie [2], dame de Nanteuil, renonce à l'usufruit que son mari lui avait réservé sur des biens donnés à Longueau.

« Ego Sophia, Domina de Nantolio, notum facio, præsentibus et futuris, quod ego, saluti propriæ consulens, religiosorum hominum consilio, concessi ecclesiæ de Longua Aqua, ut ipsa possideat pacifice, sive vivam, sive moriar, elemosinam illam quæ ipsi Ecclesiæ facta fuit mariti mei et meo assensu, quando ipse peregrinacionem adversus Albigenses hereticos [3]. Concessi quidem, quantum ad me pertinet, attendens debilitatem corporis mei, et maximæ ægritudinis eminens periculum, quoniam in prima concessione, quum dominus meus viam, sicut prædictum est, arripuit, quandiu viverem, ipsa elemosina ad ecclesiam devenire non poterat, unde rogo Dominum et maritum meum, ut amore Dei et pauperis ecclesiæ istud sine molestacione ecclesiæ teneat. Actum postquam Dominus meus recessit pro via Albigensium, anno Domini MCCIX, mense julio. »

1209, 9 juillet.

Fauque, dame de Vézilly [4], alors veuve, donne à l'église de Longueau, de l'ordre de Fontevrault, diocèse de Soissons, six setiers de froment à prendre chaque année à la fête de Saint-Martin d'hiver, sur sa terre de Vézilly.

---

1. Vers 1172, Milon d'Anthenay, appelé aussi Milès du Plessier, tient fiefs à Anthenay, au Plessier, à Igny, à Baslieux et à Villers-Agron. (Longnon, *Vassaux de Champagne*, n⁰˟ 1374-1375.)

2. Sophie, comtesse de Chevigny, première femme de Gaucher II de Nanteuil.

3. Il y a un mot de passé dans le manuscrit.

4. Vézilly (Aisne), canton de Fère-en-Tardenois. Fauque, mariée à Renaud de Courlandon et ensuite à Raoul de Sery, était fille de Gervais de Châtillon, seigneur de Bezoches. — Le 24 février 1609, Jacob de Conflans, chevalier, seigneur et baron de Vézilly, et dame Magdeleine Levesque, sa femme, donnent une quittance à honorable homme Etienne Delalain, licencié ès-lois, avocat au siège présidial de Laon.

1211.

Girard de Hourges [1], avec l'assentiment de son épouse, de ses frères et de leurs femmes, donne à l'église de Longueau, sa dîme de Verneuil, mais pour ce bienfait ladite église lui abandonne *caritative* quinze livres de monnaie de Provins. Donné sous le sceau de Gaucher de Nanteuil, en présence dudit Gaucher et de Régnier de Cuisles.

1212, octobre.

Blanche, comtesse palatine de Troyes, compatissant à la pauvreté de la maison de Longueau, confirme la donation faite par son fidèle et amé Maurice de Belrain, au profit de cette église, de 40 setiers de grain, moitié froment, moitié avoine, à prendre sur Anthenay, et qu'il tenait du don du comte Henri, mais en tant seulement que cette aumône ne touchait en rien à son fief de Bligny.

1212, octobre.

Albéric [2], archevêque de Reims, dénonce le traité suivant :
Maurice de Belrain et Hamaide, sa femme, ont donné aux religieuses de Longueau, pour en jouir après leur décès, tout ce qu'ils ont acquis dans la paroisse de Bligny, excepté le pré Baudoin et une maison qu'ils ont donnée aux religieuses de Saint-Pierre de Reims. Ils ont donné en outre, au couvent de Longueau, un pré situé à Vorcelles [3] et une vigne, sise à Villers, qui venait du clerc Pierre, frère de Maurice, à charge de célébrer un anniversaire pour ledit Pierre. Les religieuses ont rétrocédé aux donateurs, leur vie durant, la grange de Bligny, qui, après leur décès, retournera au monastère, avec moitié du mobilier la garnissant ; Maurice et sa femme pourront disposer à leur gré de l'autre moitié du mobilier.

Sans date (vers 1200).

N... [4], évêque de Soissons, notifie que Robert de

---

1. Hourges (Marne), canton de Fismes.
En 1202, Gérard de Hourges accorde à Julien, abbé d'Igny, pour les bestiaux de l'abbaye, un droit d'usage dans ses pâtures. (*Hist. de l'abbaye d'Igny*, par l'abbé P. L. Péchenard. Reims, Imp. coop. 1883.)

2. Albéric de Humbert ou de Hautvillers, archidiacre de Paris, fut sacré le 8 juillet 1207 et jeta les fondements de la cathédrale actuelle. Il assista en 1215 au quatrième concile de Latran, se croisa en 1217 pour la Syrie, et mourut à Pavie le 24 décembre 1218.

3. Vorcelles, aujourd'hui moulin sur le territoire de Villers-sous-Châtillon.

4. Nivelon de Chérisy assiste au concile de Latran en 1179. Il prend part

Cury [1], chevalier, du consentement de Aelis, sa mère, et de Nicolas, son frère, a donné en aumône, à l'église Sainte-Marie de Longueau et aux religieuses y servant, en affection de sa sœur religieuse en ce couvent, 20 setiers de froment à prendre, chaque année, dans sa grange et sur les terrages de Dhuizel [2].

Témoins : Gaucher de Cury, Alain de Roucy, Baudoin de Gueux.

1213, mai.

Raoul Plonquet [4], seigneur de Vandières, reconnaît qu'il doit aux nonnes de Longueau, pour échange d'une vigne et d'un savart contre la vigne qu'elles avaient à Vandières, au milieu du village......... (le surplus de cette charte est perdu).

1213, mai.

Albéric, archevêque de Reims, déclare que Gilard de Sarcy, chevalier, a donné en aumône, à l'église des religieuses de Longueau, vingt setiers, moitié froment, moitié avoine, mesure d'Aougny [5].

Agnès, sa femme, a loué cette aumône, ainsi que Girard de Milly [6], chevalier, en qualité de suzerain. Albéric ratifie également en retenant la libre disposition de quatre setiers de froment pour les besoins et la vie durant de la fille de Gilard, religieuse à Longueau.

à la croisade prêchée par Foulques de Neuilly, devient archevêque de Thessalonique, un des douze pairs qui nomment Baudoin empereur de Constantinople. Il rapporte à Soissons un grand nombre de reliques dont il enrichit les églises, et meurt au retour d'une mission en faveur de la croisade, le 14 septembre 1207, à Barri, en Italie.

1. Cuiry-les-Chaudardes (Aisne), canton de Craonne.

2. Dhuizel (Aisne), canton de Braisne, à trois lieues au sud-ouest de Cuiry.

3. Baudoin de Gueux affranchit sa commune par une charte de l'an 1212.

4. Raoul, dit Plonquet, reçut en 1198, du comte de Champagne, le fief de Vandières, et à ce titre il devait l'hommage lige et la garde du château de Châtillon. (Dom Noël, *Le canton de Châtillon*.)

5. Aougny (Marne), canton de Ville-en-Tardenois.

6. Les Milly de Champagne et de Brie sont issus des Milly de Beauvoisis, qui occupaient, dès l'année 1019, les emplois les plus distingués à la cour des comtes de Champagne. En 1074, Sagalon de Milly donne l'église de Chamery à l'abbaye de Saint-Martin d'Epernay. Ce noble lignage, neuf fois séculaire, est fréquemment cité dans le chartrier d'Igny. En 1219, Gérard de Milly, que nous venons de nommer, et Mathilde, sa femme, ratifient la vente par Robert de Milly, chevalier, du consentement d'Aveline, sa femme, à l'Abbaye d'Igny, de treize arpents de terre lieudit Savart, *jouxte le bois de Viterzel*. Le 8 septembre 1226, Gérard et Robert de Milly ap-

1213, août.

Hugues [1], comte de Rethel, à la prière de Mathilde, sa mère, du consentement de Félicité, son épouse, et de Hugues, son fils, donne à l'église des religieuses de Longueau, trois muids de froment et trois muids de farine à prendre, chaque année, sur les terrages de Tagnon [2], à la mesure dudit lieu.

1213, mars.

Gaucher de Châtillon, comte de Saint-Paul, confirme et garantit, comme plège, la donation faite par Milon de Vandières, à la maison de Longueau, de la dîme entière qu'il possédait à Vandières par héritage, sous la condition que les religieuses lui laisseront, ainsi qu'à sa femme, en cas de mariage, la jouissance viagère de sa maison de Baslieux et dépendances, excepté le bois de la Cohette [3], le Sart [4], la vigne de sa sœur Marie et la moitié de la récolte des noyers croissant sur Cuisles [5], au delà du ruisseau de Baslieux.

Pierre de Bazoches a approuvé cette aumône qui relevait de

prouvent et plègent la vente par Thomas de Milly, chevalier, leur frère, au profit de ladite abbaye, de 21 arpents du bois de Milly, près Villerzel. Au mois de janvier 1228, Gérard, Régnier, Thomas et Robert de Milly, chevaliers, reconnaissent avoir vendu à l'abbaye d'Igny 14 journels de terre à Chézelles, paroisse de Fismes, tenus de Guillaume de Fismes, chevalier ; approuvé par Eustachie, femme de Régnier, Armand Chrestien et Perette, sa femme, Clarembaud, clerc, Marie, femme de Thomas, Anceline, femme de Robert, Marguerite et Richilde, filles de Gérard. (Vicomte O. de Poli, *Inventaire des titres de la maison de Milly*. Paris, 1888. Consulter également l'érudite notice sur cette famille, publiée par le même auteur dans la *Revue de Terre-Sainte*.)

1. Hugues IV, fils aîné de Hugues III, et de Félicité, mourut en 1241 sans postérité. Il avait succédé à son père en 1228. Il épousa, en premières noces, Mabille d'Iprès, et, en secondes noces, Jeanne de Dampierre. C'est lui qui, en 1233, octroya la charte communale de Mézières.

2. Tagnon (Ardennes), canton de Juniville.

3. La Cohette, bois situé au nord de Baslieux, couvrant la partie septentrionale de cette commune et la partie méridionale des communes de Jonquery, Champlat et La Neuville-aux-Larris.

4. Le Sart. C'est probablement la ferme actuelle des Grands-Essarts, sise sur le territoire de Vandières.

5. Cuisles (Marne), canton de Châtillon-sur-Marne. Anciens seigneurs : 1564, Luc de Salnoue ; 1633, Claude de Salnoue ; 1680, Joseph-Remy de Livron, chevalier, maître de camp de cavalerie ; 1747, M⁰⁰ Jean Tapin, écuyer, conseiller du roi, lieutenant criminel de robe courte ; 1762, M⁰⁰ Claude-René de Laulne, greffier au Parlement de Paris. Le 9 novembre 1763, il rendit foi et hommage au duc de Bouillon à cause de la terre et seigneurie de Cuisles, donnée en mariage à Jeanne Tapin, sa femme, par Jean Tapin, père de celle-ci, suivant contrat passé devant Marchand, notaire à Paris, le 24 juillet 1762.

son fief et s'en est porté garant, sous la foi du serment, contre la remise de vingt livres de Provins.

1214, septembre.

Hugues, comte de Rethel, et Félicité, son épouse, donnent aux religieuses de Longueau la dixième partie des grains qui rentrent chaque année dans leurs greniers jusqu'à la Toussaint sur les châtellenies de Rethel et du Châtelet, à la charge de célébrer dans l'église de Longueau, à l'intention des donateurs : 1° chaque année, un service à perpétuité ; 2° aussi chaque année, tant que ceux-ci vivront, une messe du Saint-Esprit ; 3° après leur décès, chaque jour, une messe des défunts pour le repos de leur âme.

1215, mars.

H...[1], évêque de Soissons, annonce que Thomas de Fère[2], chevalier, a donné à l'église de Longueau toute la dîme qu'il possédait à Aiguizy[3], avec devêture entre les mains de Guy de Violaine[4], chevalier, en qualité de suzerain, et qu'en suite de la résignation faite par ce dernier, l'évêque en a investi la prieure de Longueau, au nom de son église.

1215, juillet.

Blanche, comtesse de Troyes, scelle l'accord suivant entre la prieuresse et les religieuses de Longueau, d'une part, et son fidèle Guy de Treslon[5], d'autre part. Guy et ses héritiers devront, pour la part que les religieuses avaient dans les moulins de *Hamois*, leur rendre chaque année, dans l'octave de la Nativité, un muids de grain, à la mesure de Dormans, moitié froment, moitié trémois, de la provenance de ces moulins ; mais si leurs produits font défaut, les religieuses devront s'en tenir à la couture appelée Varennes.

---

1. Haymard de Provins, nommé en 1208, acheva la construction de la cathédrale de Soissons et assista à la consécration de l'église abbatiale de Saint-Yved de Braisne. Il prit l'habit à Saint-Jean-des-Vignes, où il mourut le 20 mai 1219.

2. Fère-en-Tardenois (Aisne), chef-lieu de canton.

3. Aiguizy (Aisne), hameau dépendant de Villers-Agron, canton de Fère-en-Tardenois. 1716, Mre Charles-Nicolas de Martin, chevalier, seigneur d'Aiguizy, demeurant au château dudit lieu.

4. Violaine (Marne), section d'Olizy, canton de Châtillon-sur-Marne. Guy de Violaine (de Villanis), à cause de sa maison forte dudit lieu, devait l'hommage-lige au comte de Champagne.

5. Treslon (Marne), canton de Ville-en-Tardenois. Guy de Châtillon, seigneur de Treslon, fils de Gaucher de Châtillon, seigneur de Nanteuil, et d'Helvide.

1216, janvier.

Maître Bon. official de M⁰ H... [1], archidiacre de Reims, notifie le traité suivant : Mre Jean, chapelain [2] de l'église de Reims, a donné à Garsile, religieuse de l'église de Longueau, et à prendre chaque année sa vie durant, dix sols de cens, sur une maison située dans la rue de la Tournelle, près la maison d'Aelis de Soissons ; après le décès de Garsile, cette aumône reviendra à l'église de Longueau.

1218, janvier.

Maître Bon. official de H..., archidiacre de Reims, dénonce l'accord suivant :
Robert et son fils Jean abandonnent à l'église de Longueau la paisible propriété d'une vigne située sur le territoire de Fismes, lieudit Mont, sur laquelle il y avait contestation, et qu'ils réclamaient du chef de leur frère, prêtre d'Anthenay.

1218.

Clémence, épouse d'Alain de Roucy [3], du consentement de Baudoin, Maurice et Alain, ses fils, donne à l'église de Longueau 30 setiers de froment sur ses revenus de Villers-devant-le-Thour [4], mesure de Reims, à prendre tous les ans à la fête de Saint-Remy.

1219, mai.

Blanche, comtesse palatine de Troyes, confirme la donation faite aux dames de Longueau par Itier du Mesnil [5], en raison

---

1. Hugues de Bourgogne, grand archidiacre, nommé en divers cartulaires de 1212 à 1243, mourut le 5 des calendes d'avril.

2. Dans les églises cathédrales ou collégiales il y avait des messes fondées à acquitter ; on avait pour ce service désigné un certain nombre de prêtres. Ainsi, dans la cathédrale de Reims, rayonnaient autour de l'abside une vingtaine de chapelles, à l'autel de chacune desquelles était attaché un prêtre, dit *chapelain*, chargé d'acquitter les messes incombant à cet autel. Son bénéfice ou revenu, variable suivant la fondation, s'appelait *Chapellenie*. Certains chapelains avaient en outre des prières à dire et des psaumes ou antiennes à réciter. A Reims, les chapelains étaient si nombreux qu'ils formaient un petit collège, et même, avec le temps, ils s'étaient multipliés au xiv⁰ siècle de façon à former deux congrégations distinctes.

3. Roucy (Aisne), canton de Neufchâtel.
Alain de Roucy tenait le village de Boursault en fief du comte de Champagne, et un grand nombre d'autres domaines dans l'étendue de la châtellenie de Châtillon.

4. Villers-devant le-Thour (Ardennes), canton d'Asfeld.

5. Mesnil-Hutier (Marne), écart de la commune de Festigny, canton de Dormans. Ce hameau est fort ancien. Dans le rôle de la châtellenie de Châtillon, rédigé vers 1172, ce petit fief appartenait à Eudes Aaron, qui le

de l'entrée en religion de sa fille, de vingt setiers de blé à prendre annuellement sur le moulin du Mesnil, moitié froment, moitié avoine.

1219, juillet.

M° Bon. official de H... de Bourgogne, archidiacre de Reims, dénonce ce qui suit :

L'église de Longueau ayant assigné devant lui, Ernauld, fils de Robillard d'Hermonville [1], au sujet de vingt sols de cens qu'elle prétendait lui avoir été légués sur la maison de ce dernier, située à la porte de Valois, il est convenu avec l'assentiment de Gillette, sa femme, que ledit Ernauld lui donnera, pendant deux ans, un cens de vingt sols, monnaie de Reims, payable à la fête de Saint-Jean-Baptiste, à Reims, ou dans tout autre lieu de son voisinage. Ernauld pourra, s'il le préfère, payer, au lieu du cens précité, une somme de vingt livres en monnaie de Reims.

1219, septembre.

Elisabeth, comtesse de Saint-Paul, Guy [2] et Hugues [3], ses

---

tenait du comte de Champagne et lui devait l'hommage-lige, avec trois mois de garde au château de Châtillon. Il a pris aujourd'hui le nom de son principal propriétaire.

Anciens seigneurs : 1600, Jacques d'Averton, écuyer, seigneur du Mesnil, épousa Anne Le Cerlier, enterrée dans l'église de Mareuil-le-Port, le 30 septembre 1612, dont :

1° Marguerite d'Averton, mariée à Mareuil, le 30 janvier 1617, à Nicolas de Longueville, écuyer ; et 2° Madeleine d'Averton, qui épousa, le 28 novembre 1626, Louis de Brunetaut, écuyer.

1. Hermonville (Marne), canton de Fismes.
2. Guy I de Châtillon, comte de Saint-Paul, seigneur de Montjay, fils aîné de Gaucher III de Châtillon, suivit le roi contre les Albigeois et fut tué au siège d'Avignon le 15 août 1226. Le roi Louis VIII fit enfermer son corps dans un cercueil de plomb qui fut déposé dans la chapelle de Longueau. Il épousa, en 1221, Agnès, dame de Donzy, comtesse de Nevers, d'Auxerre et de Tonnerre, fille d'Hervé IV, seigneur de Donzy, et de Mahaud de Courtenay, comtesse de Nevers, dont il eut : 1° Yolande de Châtillon, mariée à Archambault, IX° sire de Bourbon; 2° Gaucher de Châtillon, seigneur de Montjay et de Donzy, qui suivit saint Louis en Terre-Sainte en 1248, se signala à Damiette et à Massoure, et fut tué à Phatanie, le 5 avril 1251, à l'âge de 28 ans, sans laisser d'enfants de son union avec Jeanne de France, comtesse de Bologne, de Dammartin et d'Aumale, qu'il avait épousée en 1245.
3. Hugues I de Châtillon, comte de Saint-Paul et de Blois, seigneur de Châtillon et de Crécy, bouteiller de Champagne après son père, deuxième fils de Gaucher III de Châtillon et d'Elisabeth, comtesse de Saint-Paul, mourut le 9 avril 1248, alors qu'il se disposait à faire le voyage de Terre-

enfants, chevaliers, reconnaissent qu'ils sont tenus de fournir chaque année, à perpétuité, aux religieuses de Longueau, à la fête de Saint Remy, vingt livres de monnaie de Provins, savoir : moitié sur la taille de Troissy, et moitié sur la taille de Brugny, que leur a données Gaucher de Châtillon, comte de Saint-Paul, pour acheter des chemises.

1219, septembre.

Guillaume, archevêque de Reims, à la demande de noble dame Elisabeth, comtesse de Saint-Paul, et de Guy, son fils aîné, confirme l'aumône que noble seigneur Gaucher de Châtillon, comte de Saint-Paul, a faite aux religieuses de Longueau, selon la teneur de la charte qui précède. Fait à Epernay, sixième férie avant la fête du bienheureux saint Michel.

1220, juillet.

Jacques[1], évêque de Soissons, annonce que Raoul de Méry[2] a donné sa dîme d'Anthenay à l'église de Longueau, et que Foulques, prieur du couvent, en a été investi. Confirmation par Raoul, de Ville-en-Tardenois, comme suzerain.

Témoins : Régnier de Cuisles, chevalier, Thibault de Misy[3], Nicolas de Reuil et le chapelain de Venteuil.

Sainte. Il avait épousé : 1° N... de Bar, fille du comte de Bar, dont il n'eut pas d'enfants; 2° Marie d'Avesnes, comtesse de Blois; 3° Mahaut de Guynes, décédée sans postérité. De sa seconde femme, Hugues laissait : 1° Guy, qui a fait la branche des comtes de Blois et de Saint-Paul ; 2° Hugues, seigneur de Châtillon, auteur de la branche des comtes de Porcien; 3° Jean de Châtillon, comte de Blois, de Chartres et de Dunois, seigneur d'Avesnes, marié en 1254 avec Alix de Bretagne, mère de Jeanne de Châtillon, accordée en 1263 à Pierre de France, comte d'Alençon, fils puîné de saint Louis.

1. Jacques de Bazoches, de la maison de Châtillon et neveu de Nivelon de Chérisy, fut nommé en 1219 et sacré à Reims en 1220. Il assista en 1223 aux obsèques de Philippe-Auguste à Saint Denis, et sacra à Reims saint Louis le 1ᵉʳ décembre 1226. Il consacra l'église abbatiale de Longpont en 1227, fonda l'abbaye de femmes de Saint-Étienne-lès-Soissons, admit à Soissons les religieux de Saint-François-d'Assise et mourut le 8 juillet 1223.

2. Méry-Premecy (Marne), canton de Ville-en-Tardenois.

3. Misy (Marne), ferme de Leuvrigny, canton de Dormans. C'était autrefois le chef-lieu de la paroisse. Le pouillé soissonnais du chanoine Houllier, de 1783, cite : Leuvrigny, *autrefois* Notre-Dame-de-Mizy.

Suivant acte passé devant Mᵉ Guiotin, notaire à Port-à-Binson, le 12 mai 1674 la seigneurie de Misy fut partagée entre : 1° Mʳᵉ Charles d'Alligret, chevalier, seigneur d'Œuilly, Misy, Leuvrigny et le Mesnil-Hutier, pour moitié, fils et principal héritier de Mʳᵉ Charles d'Alligret, son père, chevalier et seigneur desdits lieux, ce dernier héritier de Mʳᵉ Pierre d'Alligret,

1220, juillet.

M° Bon. official de H... de Bourgogne, archidiacre, certifie qu'Odeline et Raoul Bordin, son défunt mari, ont légué aux nonnes de Longueau, pour faire célébrer chaque année leur anniversaire, un cens de 40 sols. sur une maison située place du Marché à Reims, proche la maison de Simon l'orfèvre, à prendre annuellement après le décès de ladite Odeline, le dimanche où on chante *Invocavit me*. Approuvé par Helisende, Isabelle et Helvide, sœurs de Raoul.

1220, septembre.

Gérard de Mont-de-Jeux [1], chevalier, et Guyonne. sa femme, donnent à l'église de Longueau les dimes, tant grosses que menues, qui leur appartiennent à Sainte-Vaubourg [2], excepté 3 setiers de grains, moitié froment, moitié avoine, auxquels l'église d'Elan [3] a droit dans cette dime.

1220, septembre.

Confimation de la charte qui précède par Vaucher de Liry [4], chevalier, en qualité de suzerain.

1221, janvier.

M° Bon. official de Messire H... de Bourgogne, archidiacre de Reims, notifie la convention suivante :

son père, vivant aussi seigneur des mêmes lieux, et de dam¹⁰ Marguerite d'Argillers ; 2° M™ Pierre de Monamy, chevalier, seigneur de Saintras, y demeurant, province de Bourbonnois, au nom de dame Catherine de Baudier. sa femme. veuve de M™ Georges de Regnard, chevalier, seigneur des Bordes, d'Œuilly, Misy, Leuvrigny et le Mesnil-Hutier, en partie, père et mère de Georges et Charles-Joseph de Regnard, mineurs, héritiers de défunt Georges de Regnard, seigneur desdits lieux ; 3° Charles de Regnard, écuyer, seigneur de Puiseaux, des Bordes et des lieux précités, en partie, demeurant aux Bordes, paroisse d'Auxon, 4° M™ Edme-Éléonore de Coqueborne, écuyer, seigneur de Courcenay-les-Vaullerons, baron de Villeneuve-au-Chemin, demeurant audit Villeneuve, à cause de dame Angélique-Éléonore de Regnard, sa femme ; lesdits M™ Georges de Regnard, Charles de Regnard et Angélique-Eléonore de Regnard, enfants et héritiers de défunte Anne d'Alligret, leur mère, femme de M™ Olivier de Regnard, chevalier, seigneur de Puiseaux, ladite dame fille et héritière de défunt M™ Pierre d'Alligret et de dame Marguerite d'Argillers.

1. Mont-de-Jeux (Ardennes), commune de Saint-Lambert, canton d'Attigny.

2. Sainte-Vaubourg (Ardennes), canton d'Attigny.

3. Elan (Ardennes). Abbaye de l'orde de Citeaux fondée le 1ᵉʳ août 1148 par Witier, comte de Rethel, en expiation de ses fautes.

4. Liry (Ardennes), canton de Monthois.

Agnès et Eudes de Marcelot [1], son défunt mari, ont décidé depuis longtemps que si les deux enfants de Gillette, leur fille, c'est-à-dire Gillot et Poucette, décédaient sans postérité, ils donneraient aux lépreux de Reims la moitié de la maison par eux acquise en cette ville, proche la maison de Simon d'Ivoy [2], et aux nonnes de Longueau l'autre moitié, à charge, par les donataires, de payer aux héritiers de Eudes une somme de 20 livres, chacun par moitié.

1221, juin.

Guillaume [3], archevêque de Reims, déclare que Clémence, femme de Alain de Roucy [4], a donné, en perpétuelle aumône, à l'église de Longueau, 30 setiers de froment, à prendre chaque année, à Villers-Devant-le-Thour, à la mesure dudit lieu, et payables à la fête de Saint-Remy, ainsi que sa part dans une maison située à Reims, et provenant de Pierre de Courville [5].

1221, octobre.

Jacques, évêque de Soissons, certifie que Eudes de Crugny [6], chevalier, a vendu, avec l'acquiescement de Ledève, sa femme, à l'église de Longueau, sa part dans la dîme de Berthenay [7] et, en échange des droits dotaux qu'elle avait sur cette dîme, Eudes lui a cédé une vigne située à Crugny, derrière sa maison. Robert de Fismes a approuvé cette vente, qui relevait de son fief, et Milès, frère de Longueau, a été investi de la dîme précitée, au nom de son église [8].

1. Marcelot (Ardennes), commune des Alleux, canton du Chesne. Il y a eu autrefois dans ce hameau une maladrerie très importante dépendant de la ville de Reims.

2. Aujourd'hui Carignan (Ardennes), chef-lieu de canton.

3. Guillaume II de Joinville, évêque de Langres, transféré à l'archevêché de Reims en 1219, assembla, en 1223, un concile à Paris, pour préparer une nouvelle croisade contre les Albigeois. Il sacra, le 6 août 1223, Louis VIII et Blanche de Castille, sa femme. Il se croisa ensuite contre les Albigeois, mourut de la peste à Saint-Flour, le 8 novembre 1226, et fut inhumé l'année suivante, à Clairvaux.

4. Roucy (Aisne), canton de Neufchâtel.

5. En 1644, Gabriel de Lizaine, écuyer, sieur de Phorian, était capitaine du château de Courville; sa fille, Catherine de Lizaine, épousa Louis d'Aguerre, écuyer, seigneur de Cours et Villette.

6. Crugny (Marne), canton de Fismes.

7. Berthenay (Aisne), ferme dépendant de Villers-Agron, canton de Fère-en-Tardenois.

8. Vers 1250, Robert de Fismes vend à Pierre, abbé d'Igny, deux parcelles situées près de Vorsins. — Péchenard, *loc. cit.*

1222, février.

Baudoin [1] de Reims, seigneur de Gueux, donne, après son décès, aux nonnes de Longueau, ses prés de Boursault [2] et sa vigne de Vauciennes [3] : *quæ Clausum vocatur.* Il confirme également le testament qu'il a fait au domicile de son parent Baudoin [4], prévôt de Reims, lequel testament est revêtu du sceau dudit prévôt et de Martin, chapelain à l'église de Reims. Fait à Paris.

1222, février.

B. [5], abbesse de Fontevrault, approuve le don consenti au profit de l'église de Longueau, par noble homme Messire Baudoin de Reims, de 15 livres de monnaie, pour la fondation d'une chapellenie [6] et la célébration, à perpétuité, d'une messe pour le repos de son âme et pour les âmes de Gaucher de Châtillon, de son père, de sa mère et de ses ancêtres. Elle confirme également aux chapelains, chargés de célébrer cette messe quotidienne, cent sols de rente sur Try [7], à prendre tous les ans, à la fête de Saint-Remy, pour le vêtement et la nourriture.

1222, avril.

Hugues de Châtillon, fils de feu Gaucher, comte de Saint-Paul, confirme la donation de Messire Baudoin de Reims, chevalier, à la maison de Longueau, de sept livres dix sols, à per-

---

1. Baudoin de Reims et Aélide, sa femme, ratifièrent comme suzerains, la charte par laquelle, en 1217, Philippe de Soupir, chevalier, attribuait à Prémontré la moitié de la terre qu'il avait sur le Mont de Soupir et lui vendait le reste, en présence de Henri, Jacques, Bertrand et Elisabeth, ses enfants, et d'Ade, sa femme, qui la lui avait apportée en dot. — (*Bull. de la Soc. Arch. de Soissons*, tome XIX, p. 246.)
2. Boursault (Marne), canton de Dormans.
3. Vauciennes (Marne), canton d'Epernay.
4. Baudoin II souscrivit à plusieurs chartes des années 1219, 1222, 1224. Le Martyrologe de saint Timothée en fait mention le troisième des calendes de février. Il fut enterré à Igny, devant le Chapitre.
5. Berthe, prieure en 1217, abbesse en 1215, mourut le 6e jour des calendes de janvier, ainsi que l'atteste le Martyrologe de Fontevrault : Migravit felicis memoriæ domina Berta, Deo devota, carissima mater nostra, Fontis-ebraldi venerabilis abbatissa, quæ gubernationem suam per longum temporis spatium extendit priorissa, et in illo officio pro ecclesia sua mirabiliter laboravit, atque feleliter decertavit, postea vero divina gratia providente, concordiæ et in pace facta abbatissa persona fuit vitæ laudabilis, honestate morum perspicua. — (*Gallia Christiana*, t. II, col. 1321.)
6. La chapellenie consistait en un legs pieux sur un lieu déterminé, pour la rémunération de messes à acquitter à un autel spécialement désigné.
7. Try (Marne), hameau dépendant de Dormans.

cevoir annuellement sur Try, à la fête de Saint-Remy, pour la fondation d'une chapellenie.

1222, avril.

Hugues de Châtillon, fils du feu comte de Saint-Paul, confirme la donation faite par Messire Baudoin de Reims, son vassal, à la maison de Longueau, de sept livres dix sols sur Try, payables à la fête de Saint-Remy, pour l'entretien d'une chapellenie.

1222, avril.

Gaucher, seigneur de Nanteuil, confirme la donation consentie à la maison de Longueau, par Baudoin de Reims, chevalier, seigneur de Gueux, son vassal, d'un muid de froment à prendre, chaque année, à Jonquery, à la fête de Saint-Remy, pour une chapellenie.

1222, mai.

Baudoin de Reims, chevalier, dit seigneur de Gueux, donne à l'église de Longueau, pour l'entretien d'une chapellenie et pour le repos de l'âme de sa mère, Clémence, et de ses parents : 1° du consentement de Hugues de Châtillon, son suzerain, sept livres et demie, à prendre sur Try, près Troissy, à la fête de Saint-Remy ; 2° du consentement de Gaucher de Nanteuil, un muid de froment, à Jonquery [1] ; 3° du consentement de Thibault, comte de Champagne, vingt muids de vin sur ses revenus de Gueux.

1222, septembre.

Maîtres Guillaume et Th., chanoine et official de Reims, annoncent que Vaucher de Liry, chevalier, a confirmé, comme suzerain, la donation faite aux nonnes de Longueau, de la dîme de Sainte-Vaubourg, par Messire Gérard de Mont-de-Jeux, chevalier, et Guise, son épouse.

1222, décembre.

Guillaume, archevêque de Reims, légat du Saint-Siège, déclare ce qui suit :

Gérard de Mont-de-Jeux, chevalier, et Guyonne, sa femme, ont résigné entre ses mains les grosse et menue dîmes de Sainte-Vaubourg, près Attigny, et il en a investi la prieure de Longueau, au nom de son église, à charge de payer à l'église d'Elan trois setiers de grains, moitié froment, moitié avoine, que celle-ci percevait habituellement sur cette dîme.

---

1. Jonquery (Marne), canton de Châtillon-sur-Marne.

Approuvé par Hugues, comte de Rethel, Hugues, son fils aîné, et Gaucher de Lury, chevalier.

Fait à Reims par Hugues, chancelier.

1222, décembre.

Hugues, comte de Rethel, du consentement de Hugues, son fils aîné, confirme la donation en faveur des religieuses de Longueau, par Gérard de Mont-de-Jeux et Guyonne, sa tante maternelle, des grosse et menue dîmes de Sainte-Vaubourg.

1223, avril.

Hugues de Châtillon, fils du feu comte de Saint-Paul, donne au couvent de Longueau vingt-cinq livres de Provins, sur ses tailles de Châtillon, payables annuellement à la fête de Saint-Remy d'octobre, pour acheter des chemises, des pelisses et des chaussures.

Fait à Brugny, en présence de Milon [1], évêque de Beauvais, de Guy, son frère, comte de Saint-Paul, et de Gaucher de Nanteuil.

1223, décembre.

M° Godin, chanoine, et Jean de Berzy, official de Reims, annoncent qu'il y avait procès entre l'église de Longueau et Alix, dame de Gueux, au sujet d'un four situé à Gueux, et légué par Messire Baudoin, son défunt mari, à ladite église. La prieuresse du couvent, Alix, et Messire Bertrand, son second mari, conviennent que l'église de Longueau aura la moitié du four, et Alix, l'autre moitié sa vie durant, à charge de payer annuellement au monastère une somme de deux deniers, pour aveu de concession temporaire.

1224, avril

Alain de Roucy [2], chevalier, Eustachie, sa femme, et Pierre, son fils, pour fournir aux religieuses de Longueau les trente setiers de froment, sur Villers-devant-le-Thour, à elles léguées par Clémence, mère dudit Alain, leur cèdent en échange trente setiers de froment, à prendre tous les ans, à la fête de Saint-

---

1. Pendant la croisade contre les Albigeois, et pour suppléer à l'absence d'Albéric de Humbert, le souverain pontife préposa à l'administration du diocèse de Reims, Milon de Nanteuil, prévôt de la Métropole, évêque élu de Beauvais. Ce dernier était fils de Gaucher I de Nanteuil et d'Helvide.

2. Alain le jeune, écuyer, seigneur de Roucy, et Eustachie, sa femme, accordèrent, vers la même époque, à Nicolas II, abbé d'Igny, une charte par laquelle ils louaient et ratifiaient les libéralités faites à l'abbaye, par Vermond de Châtillon, et confirmaient toutes les autres acquisitions à Savigny et à Monthazin. — (*La Vallée de l'Ardres*, par l'abbé Chevallier. Reims. Matot-Braine, 1892.)

Denis, à la mesure de Châtillon, savoir : dix sur leurs revenus de Pareuil[1], dix sur les rentes de Boujacourt[2], et les dix autres sur Chambrecy.

Sans date (vers 1224).

Jacques de Villers, chevalier, lègue à l'église de Longueau, du consentement d'Eustachie, sa mère, de Guy, de Baudoin et de Joyeuse, femme de Guy, sept muids de vin, à prendre chaque année, sur les vinages de Pargnan[3], à la mesure dudit lieu et, en cas de déficit, sur le vin des vignes de Pargnan ou sur tous autres revenus de cette terre.

Témoins : Milon *de Loyseio*, Jean Milon de Coucy.

1224, mai.

Gaucher II de Nanteuil, avec le consentement d'Aélide, son épouse, et de Gaucher, son fils, donne, en perpétuelle aumône, au couvent des pauvres religieuses de Longueau, pour acheter des chemises, des pelisses et des chaussures, trente-cinq livres provinoises, sur ses assises de Coulommes[4], de Méry et de Prémecy, à prendre chaque année, à la fête Saint-Remy d'octobre. S'il y a déficit, le reste sera pris sur les ventes de ses bois de Nanteuil.

Fait à Longueau.

1224, mai.

Gaucher, seigneur de Nanteuil, approuve le legs en faveur de l'église de Longueau, par Sophie, comtesse de Chevigny[5], sa femme, de tout ce qu'elle avait acquis en propre, à Damery[6].

1224, mai.

Gaucher de Nanteuil confirme la donation faite par Helvide, sa mère mourante, aux religieuses de Longueau, des biens

---

1. Pareuil, hameau de Passy-Grigny, canton de Châtillon-sur-Marne.
2. Boujacourt, hameau de Champlat, même canton.
3. Pargnan (Aisne), canton de Craonne.
4. Coulommes (Marne), canton de Ville-en-Tardenois.
5. Chevigny (Marne), canton de Vertus, à 3 ou 4 lieues au sud-est de Nanteuil.
6. Damery (Marne), canton d'Epernay. 1643. — Mre François de Baradat, chevalier, seigneur de Damery, Arthy, Montorgueil, Fleury, Cumières et autres lieux, premier gentilhomme de la Chambre du Roy, et son premier écuyer, demeurant à Damery. Son fils, Jean de Baradat, était, à la même époque, abbé commendataire de Signy.

1720. — Mre Antoine-Alexandre le Vaillant, chevalier de Saint-Lazare et de N.-D. du Mont-Carmel, seigneur de Damery, Arthy, Fleury, la Rivière et Cumières en partie.

qu'elle tenait de lui, avec pouvoir d'en disposer librement, savoir : la grange d'Escleim, avec ses dépendances, consistant en jardin, terres labourables et prés, ainsi que la cense d'Espilly et Chaumuzy, avec l'avoine et le petit bois voisins de ladite grange.

1224, mai.

Milon, évêque de Beauvais, approuve également la donation faite par Helvide, sa mère, au couvent de Longueau, de la grange d'Escleim et de ses dépendances.

1225, avril.

Me Bon, official de Mre Hugues de Bourgogne, archidiacre de Reims, atteste ce qui suit : Henri le cuisinier, bourgeois de Reims, exécuteur testamentaire de feu Vaucher, son frère, affirme, sous la foi du serment, que celui-ci, par ses dernières volontés, a légué à Isabelle, sa sœur, religieuse de Longueau, sa vie durant, un étal de cordonnier sur le marché de Reims. Juliette et Helvide, sœurs d'Herbert, également religieuses de Longueau, auront ledit étal pendant leur vie et celle de la survivante, chacune pour moitié. Après leur décès, il reviendra de droit en totalité à l'église de Longueau, et son revenu ou sa location sera affecté à la pitance des nonnes.

1225, août.

Guy de Châtillon, fils aîné du comte de Saint-Paul, institue quatrième chapelain, dans l'église de Longueau, pour célébrer un chaque jour le Saint-Sacrifice. Il donne, en conséquence, au couvent, pour cette chapellenie, quinze livres de bons provinois, monnaie léale, sur les ventes de ses bois de Brugny, à prendre, savoir : huit livres à la fête de Saint-Jean-Baptiste, et sept livres à la Nativité de Notre-Seigneur, jusqu'à ce qu'il ait assigné quinze livrées de terre en dîmes ou autres valeurs, à prendre au lieu et place des susdites quinze livres de Provins.

1227, février.

Simon, dit Pied de Loup, chanoine et official de l'église de Reims, notifie l'accord suivant :

Le chevalier Gautier, seigneur de Liry, abandonne toute revendication relative à la dîme de Sainte-Vaubourg, qui était dans sa mouvance, et que le chevalier Girard, seigneur de Mont-de-Jeux, d'accord avec Guyonne, sa femme, ont donné à l'église de Longueau, pour le repos de leur âme. D'autre part, Girard du Mont-de-Jeux se constitue témoin responsable de ladite donation, et s'oblige à garantir l'église de Longueau contre Gautier et ses héritiers, s'il y a lieu.

1227, mars, 5ᵉ férie après *Isti sunt dies*[1].

Simon, dit Pied de Loup, chanoine et official de Reims, atteste que Gilles de Villedommange, bourgeois de Reims, et Sybille, sa femme, ont donné en aumône, au couvent de Longueau, pour l'entretien de la cuisine commune, tout ce qu'ils possédaient et pourraient acquérir par la suite, à titre d'échange, de vente ou autrement, sur le moulin d'Ourézy, retenant toutefois l'usufruit viager de ce moulin, sur lequel le couvent prendra chaque année, la vie durant des donateurs, un setier de froment, à la fête de Saint Remy chef d'octobre. En reconnaissance de ce bienfait, la prieuresse de Longueau promet aux donateurs un anniversaire annuel après leur mort, dans son église.

1229, juin, jour de la fête de Saint-Jean-Baptiste.

Les abbés d'Hautvillers[2] et de Toussaints en l'Isle de Châlons[3], notifient qu'Isabelle, épouse de Pierre de Villers[4], chevalier, Pétronille, sa mère, Gaucher et Thomas, chevaliers, et Alain, damoiseau, ses frères, ont confirmé la vente, par ledit Pierre, au monastère de Longueau, de soixante sols de Provins, à prendre annuellement sur le tonlieu de Châtillon, moyennant le prix de quarante livres provinoises.

1229, juin, vendredi avant la Pentecôte.

Thibault[5], comte palatin de Champagne et de Brie, confirme

1. Le dimanche *Isti sunt dies* est celui de la Passion, ainsi nommé, non pas de l'*Introït*, comme c'est l'ordinaire, mais du premier répons des Matines.
Ce dimanche n'avait pas de messe autrefois, à cause de l'ordination du samedi; la messe actuelle est prise au mercredi suivant, et dans beaucoup d'églises, on en a fait une nouvelle. De là vient qu'au moyen-âge il se différenciait des autres dimanches par l'appellation du premier répons des Matines : *Isti sunt dies*.

2. Raoul IV, 33ᵉ abbé d'Hautvillers, de 1214 à 1232, donna à Blanche de Navarre, comtesse de Champagne, le village d'Argensolles, pour y fonder la célèbre maison de cisterciennes qui y a fleuri depuis. Il mourut vers le 4 mars.

3. Monastère de chanoines réguliers de l'Ordre de Saint-Augustin, fondé en 1063, par Roger II, évêque de Châlons. Cette maison était située dans une île formée par les replis de la Marne. L'abbé dont il est ici question n'est connu que par l'initiale de son nom, mentionnée dans une charte de 1235.

4. Villers-aux-Corneilles (Marne), canton d'Écury-sur-Coole.

5. Thibault IV, le chansonnier, 15ᵉ comte de Champagne, roi de Navarre, décédé à Pampelune, le 14 juillet 1253, fils de Thibault III et de Blanche. Il épousa : 1° Agnès de Beaujeu, cousine germaine du roi Louis VIII; 2° Marguerite de Bourbon, décédée le 12 avril 1258, dont il eut : Thibault V, 16ᵉ comte de Champagne, marié à Isabelle, fille du roi saint Louis ; Henri III le

la vente faite par Pierre de Villers, aux nonnes de Longueau, de soixante sols de revenu annuel, sur le tonlieu de Châtillon, avantage que lui et ses héritiers sont tenus de garantir aux religieuses.

1230, août.

H. de Moth.[1], official de Messire Hugues, archidiacre de Reims, certifie que Pierre[2], vicomte de Savigny, a reconnu le legs, en perpétuelle aumône, par feu Hodierne, son épouse, à l'église de Longueau, de cinq sols de Provins et deux setiers d'avoine, un ras et un comble, à prendre sur Berthenay et à toucher de Martin et consorts.

1230, septembre, jeudi avant la fête de Saint-Michel.

Renard[3], seigneur de Dampierre[4], et Béatrix, sa femme, lèguent à leurs filles et aux nonnes de Longueau, dix livres parisis, à prendre annuellement sur le tonlieu de Rethel, pour célébrer chaque année leur anniversaire.

1231, mars, lendemain de *Invocavit me.*

Simon Pied de Loup et Maître Raoul de Chartres, chanoine et official de l'église de Reims, notifient la convention suivante :

Juliard de Villedommange et Sybille, sa femme, ont donné à l'église de Longueau un moulin à Onrézy, pour en disposer après le décès du survivant. Son mari étant mort, Sybille abandonne purement et simplement ce moulin, à compter de la prochaine fête de Saint-Jean-Baptiste.

1231, avril.

Hugues, comte de Rethel, confirme le don de Renard, che-

Gros, 17ᵉ comte de Champagne, marié, en 1269, à Blanche d'Artois, dont la fille, Jeanne, épousa Philippe-le-Bel, et réunit la Champagne au domaine de la couronne.

1. Hugues *de Motheya* déclare, dans une charte du mois de juin 1226, que Milon d'Amagne a légué, au prieuré de Novy, un demi-muid d'avoine perçu sur le grenier du prieur, et 17 setiers de blé à Lucquy et à Faux. — (E. de Barthélemy, *Le Cartulaire du Prieuré de Novy*. Paris. Aug. Aubry, 1867.)

2. En 1215, Pierre de Savigny donna en aumône, à l'abbaye d'Igny, sa terre de Félancourt, y compris la justice et tous les revenus.
En 1203, Hodierne, sa femme, lègue à l'abbaye d'Igny 3 setiers de grains à prendre au territoire de Faverolles. — Péchenard, *loc. cit.*

3. Renard III, croisé, mort avant 1233, marié à Béatrix de Trichatel ou Thil-Chatel, était fils de Renard II et de Helvis de Rethel, châtelaine de Vitry. — (E. de Barthélemy, *Recueil des Chartes de l'abbaye de Cheminon*. Paris. Champion, 1883.)

4. Dampierre-le-Château (Marne), canton de Dommartin-sur-Yèvre.

valier, seigneur de Dampierre, aux nonnes de Longueau, de dix livres, monnaie de Reims, à prendre annuellement sur le tonlieu de Rethel.

1223, avril.

Guy de Châtillon, époux d'Agnès, fils aîné du comte de Saint-Paul, donne au couvent des pauvres religieuses de Longueau, pour acheter des chemises, des pelisses et des chaussures, vingt livres de Provins, à prendre annuellement à la fête de Saint-Remy d'octobre, sur ses tailles de Brugny.

1233, juin.

Simon, dit Pied de Loup, chanoine et official de Reims, annonce ce qui suit :

Girard Asgrennos, le jeune, citoyen rémois, reconnaît à l'église de Longueau, sur sa maison, située sous le marché de Reims, et provenant de Thomas Asgrennos, son feu père, un surcens annuel et perpétuel de vingt sols, payable par moitié, à la fête de Saint-Martin et à Pâques. La prieuresse de Longueau, sœur de Girard, aura l'usufruit viager de ces vingt sols qui, après son décès, serviront à acheter du charbon à l'usage des religieuses. Girard se réserve le droit de reprendre cette rente en l'asseyant sur un autre fonds d'égale valeur *in loco competenti et sufficienti*.

1233, juillet.

Nicolas [1], seigneur de Bazoches, du consentement de Robert, chevalier, son fils, confirme la donation faite aux nonnes de Longueau, par Nicolas, son père, pour son anniversaire, d'un demi-boisseau de blé d'hiver, à percevoir chaque année, sur son moulin de Coulonges [2], à la fête de Saint-Martin et, par sa mère, de trois setiers de blé, sur le même moulin, pour le salut de son âme et celui de noble dame Agnès, son épouse.

1233, décembre.

Simon Pied de Loup, chanoine, et Maître de Blois [3], official de Reims, dénoncent l'accord suivant : Mathilde de Sarcy, veuve d'Eudes de Sarcy, reconnaît avoir donné : 1º à l'église

---

1. Nicolas II de Châtillon, seigneur de Bazoches, Vauxéré et Coulonges, fils de Nicolas I et de Agnès de Chérizy, marié à Agnès de Quierzy, dont il eut : Nicolas III, croisé en 1234 ; Milon, chanoine et évêque de Soissons ; Girard, chanoine, évêque de Noyon, et Robert, seigneur de Bazoches.

2. Coulonges (Aisne), canton de Fère-en-Tardenois.

3. Jean de Blois devint archidiacre de Champagne ; il est nommé au cartulaire de Saint-Nicaise, en 1250 et 1255, ayant official ; il mourut le 4 juillet, suivant l'obituaire.

de Longueau, dix setiers de froment, à la mesure de Reims, sur les moulins de Saint-Remy-sous-Prunay[1], à prendre dans les vingt setiers qu'elle tenait en fief de l'église de Saint-Basle[2] ; 2° à cette dernière église, les dix autres setiers et tous ses droits sur les moulins et l'eau. L'abbé de Saint-Basle[3] approuve cette aumône, et il pourra conserver pour son monastère les dix setiers attribués à Longueau, en payant un revenu équivalent.

1234, juin.

Clément, doyen de la chrétienté de Châtillon, fait savoir ce qui suit :

Simon, dit Thyois, de Cuisles, et Laure, sa femme, ont reconnu avoir engagé, moyennant dix livres fortes, envers l'église de Longueau, sept setiers de blé, dont quatre d'hiver, et trois de trémois, dans leur part de dîme sur Anthenay. Il a été convenu qu'en cas de remboursement, avant la fête des apôtres Philippe et Jacques, chef de mai, ladite église ne pourrait rien réclamer dans la dîme précitée, mais que, faute de paiement à cette époque, elle percevrait la dîme l'année suivante. Confirmé par Simon, Jean, Marie et Lucie, enfants des débiteurs.

1234, juin.

Jean de Rethel[4], chevalier, seigneur de Saint-Hilaire[5], confirme la donation autrefois consentie par Hugues, comte de Rethel, à l'église de Longueau, de la dixième partie des blés dépendant de son domaine en la châtellenie du Châtelet.

1. Prunay (Marne), canton de Beine.
Les Templiers possédaient à Prunay un domaine qui, en 1357, était loué moyennant une redevance annuelle de 140 setiers de grains. — (Arch. nat. S. 5038. Suppl. n° 52.)

2. Saint-Basle, abbaye de l'Ordre de Saint-Benoît, fondée sur le territoire de Verzy (Marne), à la fin du VI° siècle. — (Consulter *Saint-Basle et le Monastère de Verzy*, par l'abbé Queutelot, prêtre du prieuré de Binson.)

3. Evrard, abbé de Saint-Basle, mort en 1238, d'après dom Marlot, aurait vécu jusqu'en 1244, suivant la *Gallia Christiana*.

4. Jean I«, comte de Rethel, troisième fils de Hugues III et de Félicité, décédé en 1251, sans postérité, épousa : 1° Marie d'Oudenarde, qui lui apporta la terre d'Omont et, en secondes noces, Marie de Noyon, fille de Jean, châtelain de Noyon. Il succéda à son frère Hugues IV, et partit en Terre-Sainte avec le roi saint Louis.

Son frère Gaucher, archidiacre de Liège, eut le titre de comte de Rethel après lui, et octroya la charte de Rethel en 1253.

5. Saint-Hilaire-le-Grand (Marne), canton de Suippes.

1236, mars.

Maître Jean, dit Gérin, chanoine de Saint-Pierre et official de Soissons, déclare qu'Herseude, veuve de Pierre de Troissy, a donné à l'église de Longueau toute la dîme qu'elle avait en la paroisse d'Anthenay, de Nogent[1] et du Chemin[2].

Approuvé par Hugues de Vandières, chevalier, son frère.

1237, mai.

Fr. J.[3], abbé de la Charmoye[4], annonce qu'il a abandonné à la maison de Longueau tout ce que sa Communauté possédait dans la dîme d'Anthenay du don de feu Henri de Vandières, chevalier, et que, d'autre part, la prieuresse et Simon, prieur de Longueau, ont cédé, en échange, ce que leur couvent avait sur la dîme de Lucy[5], près le Baizil[6], du don de feu Messire Branlard, chevalier.

1237, juin.

Maîtres Jean et Jean de Blois, chanoine et official de Reims, notifient la convention qui suit :

Jacques de la Rouelle[7] reconnaît avoir vendu, pour le prix de six livres provinoises, payées comptant, à l'église de Longueau, un revenu annuel de dix quartels de froment, sur le moulin d'Onrézy[8], qu'il avait achetés, savoir : Cinq à Jean de la Rouelle et à Emeline, sa femme, et les cinq autres à Juliard Le Monteix de Villedommange.

1238. Samedi avant la Purification de la Bienheureuse Vierge Marie.

Maître Henri de Louvain, official de Messire Hugues de Sarqueux[9], archidiacre de Reims, annonce que Rogelet, dit Léger, et le prieur de Longueau ont ainsi transigé :

1. Nogent (Marne), hameau aujourd'hui détruit de la commune d'Anthenay.
2. Chemin (Marne), hameau dépendant d'Anthenay.
3. Jean II, 7ᵉ abbé de la Charmoye, est nommé en 1235, dans la charte d'Argensolles (*Gallia Christiana*, t. IX, col. 972).
4. La Charmoye, abbaye de l'Ordre de Cîteaux, annexe de la Celle-sous-Chantemerle, dont la fondation est attribuée à Henri Iᵉʳ. La Charmoye est aujourd'hui un hameau de la commune de Montmort (Marne), situé dans le bois à l'est du village.
5. Lucy (Marne), canton de Montmort.
6. Le Baizil, même canton.
7. La Rouelle (Aisne), hameau de Concevreux, canton de Neufchâtel.
8. Onrézy (Marne), commune de Bouilly, canton de Ville-en-Tardenois. Le moulin était situé sur le ruisseau des Vasseurs, affluent de l'Ardre.
9. Hugues de Sarqueux, grand archidiacre, figure, en l'obituaire de l'église de Reims, le 12 des calendes de janvier. — (Marlot, *op. cit.*, t. I, p. 641.)

L'église de Longueau aura la moitié de la maison venant de Jean Lareste, située près de la rue des Bouchers ; Rogelet prendra l'autre moitié, provenant de Blanche et, s'il meurt sans hoirs procreés de son corps, sa moitié reviendra au couvent de Longueau. En outre, Sybille, veuve de Jean Lareste, acquitte tout ce qui avait été jugé contre elle au profit de l'église de Longueau.

1239, juillet.

Maître Jean de Blois, chanoine et official de Reims, dénonce le don, par Messire Simon de Guignicourt [1], chevalier, à l'église de Longueau, pour faire, chaque année, son anniversaire, de vingt sols, à prendre sur ses cens de Guignicourt, et qui seront employés au repas des nonnes le jour de son anniversaire, exceptant toutefois la dot de Fanchette, sa femme, qui a approuvé cette convention.

1239, octobre.

Ph. Hérit, prieur de Châtillon-sur-Marne, du consentement de Henry et Guy, moines, ses confrères, ratifie le traité par lequel Jacquier le tanneur, bourgeois de Châtillon, son homme, a cédé aux religieuses de Longueau une pièce de terre située au lieudit Fontenille [2], au milieu de la culture du couvent qui tient au Marlemont [3], en échange d'une autre parcelle située au-dessus de ladite culture.

1239, décembre.

J. [4], doyen de Soissons, et Maître P., prêtre de Braisnes, notifient que, pour assoupir et terminer le procès au sujet des dîmes que le couvent de Coincy [5] prétendait avoir sur les terres, prés et vignes de la maison de Longueau, aux territoires de Châtillon, Cuisles, Melleray et Montigny, les parties, sous peine

---

1. Guignicourt (Aisne), canton de Neufchâtel.

2. Fontenille, lieudit sur le territoire de Châtillon, situé au nord-est, presque en face de Longueau.

3. Marlemont (le Grand et le Petit), hameau disparu, situé sur la commune de Châtillon.

4. J., 1238 et 1239 Peut-être le même que Jean de Vailly, noté le 29 mars en l'obituaire (*Gallia Christiana*, t. IX, col. 328).

5. Coincy (Aisne), canton de Fère-en-Tardenois. Prieuré de l'Ordre de Saint-Benoît, membre de l'abbaye de Saint-Médard de Soissons.
Parmi les prieurs de Coincy, vivant au XIIIe siècle, M. de Vertus, dans son *Hist. de Coincy, Fère et Oulchy*, cite les noms suivants :
1209. Etienne ; 1217. Foulques ; 1230. Albert ; 1272. Geoffroy.

de quarante livres, ont transigé ainsi qu'il suit, en présence des prieurs de Coincy et de Binson :

Le couvent de Longueau paiera chaque année, au prieur de Binson, à la fête de Saint-Remy, huit setiers de blé et autant d'avoine, ainsi qu'un muid de vin blanc, mesure de Châtillon, et s'il acquiert ultérieurement d'autres biens, par donation, vente ou autrement, sur le territoire des villages précités, il sera tenu d'en payer la dîme au couvent de Coincy, suivant l'usage.

1239, mai.

Maître Henri de Louvain, official de Messire Hugues de Sarqueux, archidiacre de Reims, atteste que damoiselle Ade d'Olizy et Oudard, son fils, ont reconnu la donation faite par Messire Nicolas, père défunt de ce dernier, aux nonnes de Longueau, de la dîme qu'il percevait sur leurs terres d'Olizy, ce don fait tant en aumône que pour l'abandon des corvées qu'il devait au village d'Olizy, et dont l'église de Longueau l'avait déchargé. Ils abandonnent aussi les reportages sur ces terres aux religieuses, soit qu'elles les cultivent elles-mêmes, soit qu'elles les cèdent à bail.

1. Le prieuré de Binson possédait des dîmes à Baslieux, Orquigny, Montigny, Troissy, Œuilly, Cuisles et Anthenay. En 1723, les bâtiments du prieuré, ainsi que les terres et prés en dépendant sur les territoires de Binson et Châtillon, étaient affermés, moyennant une redevance de 710 livres en argent, 3 livres de cire, 12 livres de beurre frais ou fondu, 15 quartels de blé et 15 quartels de méteil.

Un bail dressé par Lesueur, notaire à Châtillon-sur-Marne, le 3 février 1714, constate que le prieur, Pierre Charles, avocat en Parlement, diacre du diocèse de Bourges, depuis conseiller au bureau ecclésiastique de la prévôté de Bourges et prêtre official de la Primatie de cette ville, avait loué pour neuf années la moitié des dîmes de Baslieux, consistant en grains, vins, poules, poulets, dindons, oies, porcs et autres animaux, moyennant 200 livres d'argent, 1 livre de cire et 2 chapons.

Les actes de notaire mentionnent encore, parmi les prieurs de Binson : M⁰ Etienne Barré, prêtre, docteur en théologie de la Sorbonne, archidiacre de l'église Sainte-Croix d'Orléans en 1684, et Jean Barré, demeurant à Bourges en 1709.

2. Olizy (Marne), canton de Châtillon. Anciens seigneurs :

1700. Michel Larcher, chevalier, marquis d'Olizy, seigneur d'Olizy, Boujacourt, Nogent et le Chemin, bailli de Vermandois.

1710. Michel Larcher, son neveu, président en Chambre des Comptes, demeurant à Paris, et Pierre Larcher, son petit-neveu, bailli de Vermandois, conseiller du roi au Châtelet de Paris.

1717. Antoine Guillot, marquis de Saint-Chamant, marié à Marie-Louise Larcher.

1776. Michel-Archange du Val-du-Manoir.

1243, octobre, 4ᵉ férie après la fête de Sainte-Lucie.

Maître Michel de Saint-Denis, chanoine et official de Reims, annonce que Bertrand de Vezelay¹, coûtre de l'église de Reims, a donné à l'église de Longueau toutes les vignes qu'il avait achetées à un colon, sur le territoire de Mardeuil², et situées, savoir : la première, lieudit Rocherel, au-dessus de Mardeuil, près de la vigne de Marguerite de Mardeuil ; la seconde, au même lieu, près de la vigne d'Henri de l'Orme ; la troisième, en lieudit Rarey ; et la dernière, en lieudit les Grèves, entre la vigne de Jean, fils de Marguerite, et le champ d'Agnès.

1243.

Mᵉ P. *de Vicenobris*, official de Messire Hugues de Sarqueux, archidiacre de Reims, notifie le traité suivant : Marguerite, veuve de Girard Asgrenous, avait un surcens annuel de vingt sols, payable en quatre termes, savoir : cinq sols à la Nativité de Saint-Jean-Baptiste, cinq sols à la Saint-Remy, chef d'octobre, autant à la Nativité du Seigneur, et le reste à Pâques, sur deux maisons contiguës, sises à Reims, au chevet de l'église de Saint-Symphorien, dans le quartier Jean de Vaux, contre la maison Grosse de Juniville³, appartenant à Haïc Noël, et la maison de Suzanne, veuve de Guérin le mégissier, appartenant à Gerbert le maçon. L'église de Longueau possède un surcens de vingt sols sur une autre maison de Marguerite, située à Reims, entre celle de feu Pierre de Marfaux⁴, d'une part, et celle de Gautier Boiron et de Pierre Bercelain, d'autre part. Le procureur de ladite église, Messire Pierre Asgrenous⁵, chanoine de Reims, et Howard de Saint-Pierre, bourgeois de Reims, exécuteurs testamentaires de Marguerite, conviennent amiablement devant Th. de... clerc juré, délégué à cet effet, que le monastère de Longueau prendra le surcens de vingt sols dont jouissait Marguerite sur les deux maisons contiguës, mais que l'autre maison sera libre du surcens dont elle était tenue envers l'église de Longueau.

1245, juillet.

Th. du Mont, chanoine et official de Soissons, dénonce

---

1. Vézelay (Yonne), arrondissement d'Avallon.
2. Mardeuil (Marne), canton d'Epernay.
3. Juniville (Ardennes), chef-lieu de canton.
4. Marfaux (Marne), canton de Ville-en-Tardenois.
5. Pierre de Grenous ou Asgrenous, concéda aux Templiers, en décembre 1247, une grange située à Tours-sur-Marne, qui fut l'origine de leur domaine dans cette localité. — (Dom Noël. *L'Ordre de Malte dans le diocèse de Reims.*)

la reconnaissance, par Guillaume de Cuisles, chevalier, du legs de Régnier de Cuisles, chevalier, son père, à l'église de Longueau, d'une rente annuelle de cent sols, à prendre sur la maison de Guillaume, sise à Cuisles, et à distribuer par la prieuresse du cloître, pour la pitance des religieuses le jour de l'anniversaire de Régnier.

1245, septembre.

Marguerite confirme le don, par Evrard Chaciaus, son mari, de vingt sols de rente, pour la pitance du couvent.

Magister Lucas de Gifo, officialis domini Gomecii, archidiaconi remensis, omnibus præsentes literas visuris, in domino salutem. Noverint universi, quod cum Evrardus Chaciaus, volens ad partes transmarinas proficisci, dederit et contulerit, in perpetuam elemosinam, ecclesiæ de Longua Aqua, XX solidos annui redditus, pro pitancia conventui ejusdem ecclesiæ, in Pascha facienda, Margarita, relicta ipsius Evrardi, coram me constituta in jure, volens animæ ipsius Evrardi et suæ providere, dictam donationem et collationem laudavit et approbavit, et dictos XX solidos, super quandam domum quam habebat, ut dicebat, Remis, sitam in vico sancti Symphoriani, inter domum quandam Theobaldi Auneis, ex una parte, et domum Mairaude, sororis dictæ Margaritæ, a dicta ecclesia in perpetuum percipiendos, singulis annis, ad dominicam qua cantetur *Lætare Jerusalem* assignavit. In cujus rei testimonium, præsentes literas sigillo curiæ domini mei feci communiri. Datum anno domini MCCXLV mense septembri.

1246, septembre, 3e férie après la fête de Saint-Mathieu, apôtre.

Mes Jean de Blois, chanoine, et Gérard de Menet, official de Reims, dénoncent ce qui suit :

Feu Jean Crassin[1], bourgeois de Reims, a légué à l'église de Longueau huit sols et demi de surcens, sur la maison d'Helvide Lachaude d'Epernay, à prendre chaque année, à la fête de Saint-Remy, chef d'octobre, ainsi qu'il appert des lettres de religieuse personne Nicolas[2], abbé de l'église Saint-Martin

---

1. Jean Crassin figure au mois d'avril 1230, avec Hélie et Jean, prieurs du Mont-Dieu et du Val-Saint-Pierre, dans le vidimus d'une charte de 1229, par laquelle Guillaume, évêque de Comminges et recteur de Sauve-Majeure, notifie l'accord intervenu entre l'abbaye d'Elan et le prieuré de Novy, au sujet de pâturages et de limites, lieudit la Rosière. — (E. de Barthélemy, *Cartulaire de Novy*.)

2. Nicolas, 12e abbé des chanoines réguliers de Saint-Martin d'Epernay, est connu par des chartes de 1239 et de 12 /8. (*Gal. Christ.*, t. IX, col. 285.)

d'Epernay, et Alix, sa veuve, a renoncé à toute réclamation sur cette aumône.

1246, décembre.

Transaction entre le comte de Rethel et le prieuré de Longueau.

Je Jehans cuens de Restet fas asavoir à touz ceus qui sunt et ki à venir serunt, ki ces présentes lettres verrunt, ke descors estoit entre moy, d'une part, et la prieuse et le couvent de Longueaue, d'autre part, de ce keles disoient que li cuens Hes mes peres et la comtesse Felicitas, ma mère, lor donerent en aumonne perpetuel la disime partie de tous les bleds qui venoient en lor greniers de la chastelerie de Restet, et de ce elles avoient lor lettres scellées de lor seaus, et par cele reson eles me demandoient ce blet devant dit et disoient que je estoie tenus au rendre. A la par de fin je, d'une part, et la prieuse et li couvent, d'autre part, par conseil de bones gens nos acccordasmes et feimes pais de ces choses en tel manière que pour toutes ces choses je lor ay octroyé trente setire de froment bon et loyal et un setere de soile à la mesure de Machou, à penre chacun an perpetuelment à touz jors, en la ville de Machou, en la sise de mes bleds ke on me doit en cele ville de Machou à la feste Saint-Remi en octombre, et s'il n'en avoit tant en celle assise, je serois tenu à assoir la deffaute en sestelage de celle ville de Machou. Et parmi cela la prieuse et le convent devant dit ont quitté moi et mes oirs à touz jors de celle disine partie de ces bleds de Restat ci devant dite et de tout ce keles me demandoient et povent demander par la raison dou don de mon père et de ma mere devant diz de tant comme il appartient a ce disime des bleds de Restet devant ditte, et les lettres qu'elles avoient dou don de ce disime elles m'ont vendues. En tesmoignage de cette pais et par cette pais cy devant dite et en tesmoignage de ces choses, je et la comtesse Marie, ma femme avons donés ces lettres scellées de nos seaux et i avons aloiés nos et nos hoirs à tenir cette pais fermement à tous jors permanablement et voulons et octroyons et requerons ke mesire li rois de Navarre, cuens de Champagne et de Brie palatins confirme cet asenement et cette pais de ces choses cy devant dites par ses lettres, si com soverains sires dou lieu où cis bleds est assis. Et en tesmoignage de ces choses, je et Marie, ma femme, comtesse de Restet, avous pendus nos saiaux à ces lettres en l'an de l'Incarnacion MCC et XL sis au mois de décembre le jour de feste Saint Thomas devant Noël[1].

---

1. Cet instrument est fort défiguré ; certains mots trop modernes attestent la maladresse du scribe qui a lu l'original.

1247, février, jeudi avant *Esto mihi*[1].

Jean de Blois et G. de Menèt, chanoine et official de Reims, annnoncent l'accord suivant : Damoiselle Lutgarde de Balham[2], veuve de Baudoin de Son, tutrice d'Oudinette, Isabelle et Agnès, ses enfants, a donné à l'église de Longueau un muid de grain à la mesure de Château-Porcien, moitié conseil[3] légal, moitié avoine, à prendre annuellement le lendemain de la Toussaint, dans la grange de ses enfants, à Son[4].

Si le grain de ladite grange ne suffit pas pour fournir la rente dont s'agit, le déficit sera pris sur l'héritage des enfants. S'il arrive, d'autre part, que les chariots de l'église de Longueau soient obligés d'attendre plus d'un jour avant de recevoir la rente au complet, les enfants supporteront les frais de séjour, mais on ne comptera pas le jour de l'arrivée.

Agnès, fille de Lutgarde, jouira de cette rente sa vie durant. En outre, Lutgarde promet de faire notifier les présentes par ses enfants, Oudinette et Isabelle, lors de leur majorité.

Approuvé par Oudard, écuyer, oncle paternel des enfants ; Huard, oncle maternel, en présence de Guillaume de Chaumont[5], clerc juré de la Cour de Reims, à ce délégué, Huard de Tagnon, écuyer, oncle maternel, s'est constitué plège.

1248, juillet, lundi dans la quinzaine des apôtres Saint Pierre et Saint Paul.

Mathilde[6], comtesse de Nevers, donne aux religieuses de Longueau, pour célébrer chaque année l'anniversaire de sa fille et de la fille de cette dernière, dix livres de monnaie auxerroise, à prendre tous les ans, sur sa cense d'Auxerre, dans l'Octave de la Purification de la Bienheureuse Vierge Marie, pour la pitance des religieuses qui assisteront à cette cérémonie.

Fait à Donzy.

---

1. Dimanche de la Quinquagésime.

2. Balham (Ardennes), canton d'Asfeld.

3. *Consialum* ou *Consegale* est une espèce de blé mêlé de seigle qui, en Champagne, s'appelle *consecle*, *conseil*.

4. Son (Ardennes), canton de Château-Porcien.

5. Chaumont-Porcien (Ardennes), chef-lieu de canton, arrondissement de Rethel.

6. Mahault ou Mathilde de Courtenay, mère de Agnès de Donzy, femme de Guy de Châtillon.

www.ingramcontent.com/pod-product-compliance
Lightning Source LLC
LaVergne TN
LVHW022114080426
835511LV00007B/812